Für Tony, Jack, Joey und Henry – Partisanen und Partygänger

Jose Dalisay

# KILLING TIME IN A WARM PLACE

Ein Roman aus den Philippinen
Aus dem Englischen von Niko Fröba

Roman : TRANSIT

Diese Veröffentlichung wurde unterstützt durch den National Book Development Board of the Philippines (NBDB), die Nationale Kommission für Kultur und Künste (NCCA), das Außenministerium (EDA) und das Büro der Senatspräsidentin Loren Legarda

Originalausgabe:
Jose Dalisay, Killing Time in a Warm Place
Neuausgabe 2006, 2008
ANVIL PUBLISHING, INC.
Mandaluyong City, Philippinen


Postfach 12 03 07 | 10593 Berlin
**www.transit-verlag.de**

Layout und Umschlaggestaltung, unter
Verwendung des Gemäldes »Easterly Winds« (2008)
von Antipas Delotavo: Gudrun Fröba
Druck und Bindung: CPI Group Deutschland
ISBN 978-3-88747-414-0

# INHALT

# PROLOG

## Killing Time in '73 – ein Bericht über das Gefängnisleben

Ich wurde von Agenten des Militärgeheimdienstes festgenommen, kurz vor Mitternacht am 2. Januar 1973. Nachdem ich die vergangenen Monate, die ersten Monate unter dem Kriegsrecht, meist weg gewesen war, kam ich, wie es sich für einen echten Pinoy gehört, zu Neujahr nach Hause, um meine Leute zu sehen; und das, obwohl Gerüchte die Runde machten, dass in dieser Gegend eine Razzia oder »Säuberung« im Stile der japanischen Kempeitai* bevorstand. Mein eigentliches Zuhause war damals ein besetztes, heruntergekommenes Barackennest in Old Balara, einen Steinwurf von der Universität entfernt, wo ich die meiste Zeit meines ersten Studienjahres mit Mao statt Mathe verbracht hatte. Sie waren ungefähr zu Acht; mein Vater weckte mich so sanft, wie er konnte, und als ich meine Augen öffnete, starrte ich in den Lauf eines Karabiners. Ich wurde verhaftet, weil ich gegen das Gesetz gegen umstürzlerische Umtriebe verstoßen hatte, wie sie sagten. Ich fand, dass sie maßlos übertrieben; ich hatte Erklärungen geschrieben und sowas, und ich war mal gerade

Die mit * gekennzeichneten Begriffe oder Namen werden im Glossar erklärt.

achtzehn – ein Floh also. Aber sie nahmen mich mit zu einem Auto – schwarz und groß wie ein Leichenwagen – und gingen dann weiter zum nächsten Haus, das sich, sehr zu meiner Überraschung wie zu meinem Leidwesen, als Unterschlupf eines weiteren Aktivisten, eines alten Klassenkameraden aus der Highschool, erwies. Ausgerechnet hier, dachte ich – und dann stießen sie ihn auf die Rückbank des Autos neben mich. (Jahre später – gerade entlassen – würde Cecilio in die Berge verschwinden und bei einem Feuergefecht im tiefsten Süden sterben.)

Es gab weitere unglückliche Wiedersehen in der Arrestzelle in Camp Aguinaldo, wo sie uns hinbrachten und internierten. Sofort erkannte ich ein braunes Sofa; ich hatte es zuletzt in einer »UG« gesehen, einer Untergrund-Wohnung, die offensichtlich durchsucht und aller nützlichen Gegenstände entledigt worden war. In einem angrenzenden Raum, »Sperrbereich« genannt, fanden die Verhöre statt und wurden Schläge verabreicht. Wir sprachen über Rey Vea (jetzt Dekan des University of Philippines College of Engineering) und darüber, wieviel Glück er gehabt hatte, der Verhaftung zu entgehen – nur um ihn kurz darauf ins Lager trotten zu sehen, als bester Fang des Tages.

Ein paar Tage später wurden wir dann in ein anderes »Internierungslager« gebracht – das Rehabilitation Center im Fort Bonifacio in Ipil. Es war zunächst kein allzu schlimmer Anblick, weil es neu war und wir nur an die vierzig Leute (später waren es um die zweihundert). Wir waren eine bunt gemischte Truppe: altgediente Wissenschaftler und Professoren (William Henry Scott, Zeus Salazar), Möchtegern-Politiker (Orly Mercado, Jojo Binay), Geistliche (Fr. Jose Nacu, SJ), Journalisten, Lehrer, Arbeiter, Studenten, Bettler, angebliche Mörder und die für immer Verlorenen unter den ohnehin Verlorenen. Die Frauen hatten ihr eigenes Camp neben unserem, und Ehe- und Liebespaare trafen sich, ein Stacheldrahtzaun zwischen ihnen. Die Leute sprachen sehr vorsichtig und leise, denn sie wussten oder glaubten, dass sich irgendwo, mitten unter uns, der gefürchtete »Ajax« befand, unser Wort für »Agent«, das Ohr der Regierung und unserer Kerkermeister.

Bald zogen wir um in ein, wie ich glaubte, typisches Gefangenencamp mit den River Kwai-Routinen, die mit dem Wecksignal und Exerzierübungen am frühen Morgen begannen. Wir machten Gymnastik im Stil des chinesischen Tai Chi – im Stil der Volksbefreiungsarmee, wie wir damals sagten, um uns Mut zu machen. Das Essen war gut, am Anfang: ein Klumpen Reis, ein dickes Stück Fisch oder Fleisch, Gemüse, und eine Banane (später mussten wir *mustasa,* Blattsenf, im Garten anbauen und waren auf Fresspakete angewiesen, die uns Familienangehörige oder Freunde mitbrachten). Die meiste Zeit des Tages konnte man machen, was man wollte: Bücher lesen aus der kleinen Bibliothek, Schach spielen, Muskeln trainieren oder einen Beruf erlernen. Einige von uns, die gerne zeichneten und malten, gründeten eine Künstlergruppe; ich nutzte meine Schreibfähigkeiten, um mir vom Sergeant die Erlaubnis zu ergattern, mit einem Mädchen am Zaun sprechen zu dürfen, in das ich mich verknallt hatte. Im Gegenzug fertigte ich ein Plakat an, das neue Haftregeln verkündete. Wir saßen auf Bänken und betrachteten das Marlboro-Logo in der Skyline von Guadalupe Nuevo. Manchmal wirkte das Ganze fast komisch. Terror durchzog das Land und erreichte uns mit jeder neu reinkommenden Gefangenenladung, und hier und da wurde einer von den Wachen herausgefischt und zusammengeschlagen (das einzige Mal, dass ich dankbar dafür war, in meiner Studentenverbindung schikaniert und dadurch auf sowas vorbereitet gewesen zu sein). Die meiste Zeit aber war es ein ruhiges Leben, insbesondere für diejenigen von uns, die vorher ständig in Bewegung oder auf dem Marsch waren, bevor wir stolperten.

Für ein paar Monate und aus wackligen, aber schmeichelhaften Gründen (ein Witz damals wie heute) wurde ich mitsamt einer Busladung anderer Leute in ein festungsartiges Hochsicherheitsgefängnis in derselben Provinz überführt, und wir wurden mit gewöhnlichen Kriminellen, dem Überschuss aus Muntinlupa, zusammengelegt. Wir schissen in dieselben offen stehenden Toiletten, mit nichts als einem Handtuch als Sichtschutz; der Gefängnishof war eingezäunt mit Maschendraht, und alles musste einsehbar sein für die Wachen, die uns auf Laufstegen von oben beobachteten. Wir aßen an denselben Tischen, aber die OXO und Sigue-Sigues* gaben uns – den *may pinag-aralan*, den Studierten – den Vortritt und bestätigten damit, sogar im Gefängnis, die Bedeutung akademischer Titel. Und ehrlich gesagt machte uns das nichts aus, insbesondere dann nicht, wenn sie sich mit geschärften Löffeln aufeinander stürzten, wie es gelegentlich vorkam, während wir Fernsehen schauten und der Kerl in der Koje nebendran – ein Literaturprofessor, der angeblich Kontakte zu den Sowjets hatte (wir dagegen zu den Maoisten) – eine graue, sehr lebensnahe (oder todesnahe) Abbildung seines Armeekochgeschirrs vor einem blass-rosa Hintergrund malte, auf Leinwand und mit Ölfarben, die er mit hineinnehmen durfte. Ich fand das ziemlich gaga und machte mir einen Spaß daraus, die Schuhe des Genossen auf Zeichenpapier zu skizzieren (für einen Neunzehnjährigen konnte das als Scherz durchgehen). Der Professor, das erfuhr ich später, hatte einen Deal mit einer Galerie und konnte so seine Familie von dort, wo er war, unterstützen. Dadurch wurde diese Kunst – wir bemalten auch Streichhölzer und Streichholzschachteln und verkauften sie sonntags als Souvenir – unsere Version von Flaschenpost aus dem Gefängnis.

Die meisten von uns wurden schließlich nach der einen oder anderen Amnestie entlassen. Meine eigene Freilassung hätte auch von Kafka stammen können: An einem Tag im August traf ein

Offizier ein mit einem Stapel Akten, eine davon war meine. Ich nahm gerade eine Dusche, als mein Name über Lautsprecher aufgerufen wurde: »Dalisay, zur Wache!« Die Nachrichten auf der Wache bedeuteten immer entweder etwas sehr Gutes oder sehr Schlechtes. Der Offizier sah mich an und sagte: »Dalisay, Sie sind noch hier? Wir haben nichts gegen Sie in der Hand. Packen Sie Ihre Sachen und gehen Sie nach Hause.« Ich war fast das ganze Jahr 1973 eingesperrt – sieben Monate und vier Tage –, gar nicht so schlimm nach Kriegsrechts-Maßstäben.

Einige von uns begaben sich wieder in den Kampf und folgten Cecilios Weg oder retteten sich in den Untergrund (einige überlebten), andere gingen zurück an die Universität, so wie ich es tat, nach Umwegen über PR-Arbeit (natürlich für ein Ministerium) und das Schreiben von Drehbüchern für zweitklassige Filme über den Aufstieg und Fall großer Führer der philippinischen Geschichte; und ziemlich viele von uns flohen in die Vereinigten Staaten und andere Teile der Welt – ohne Frage verwundert über das Ausmaß an Komplikationen, die das Leben weiter für sie bereithielt.

*Jose Dalisay, Februar 1996*

## EIN TRAUM VOLLER EIDECHSEN

Ich komme aus einem Land ohne Schnee und Himbeeren. Stattdessen haben wir Sturzregen und Kokosnüsse. Wenn die Taifune kommen, fallen die Kokosnüsse in ihrem eigenen Regen. Ich kenne das; mit zehn Jahren verbrachte ich den Sommer in meiner Heimatstadt Kangleong auf den Visayas-Inseln, und ich erinnere mich, wie ich eines frühen Morgens aufschreckte vom Heulen des Windes und von etwas, das sich für mich anhörte wie das Getrampel schwerer Pferdehufe zwischen den Baumreihen. Es war das Geräusch von vielen herunterfallenden Kokosnüssen, die im Matsch landeten, große, ausgewachsene Nüsse, aus den Kronen gerissen vom peitschenden Wind. Mit Anbruch des Tages rannte ich mit den anderen Kindern zu den Plantagen, und wir sammelten die Kokosnüsse auf, schleppten, rollten und kickten sie rüber zur Hütte der Frau, die daraus *bucayo* zubereitete. Sie bezahlte uns fünf Centavos für jede Kokosnuss, die wir von den Feldern anderer Bauern einsammelten, und wir lungerten herum, während sie das weiße Fleisch raspelte und portionsweise in einen Topf, randvoll mit simmerndem Sirup, tauchte. Ich erinnere mich gut daran: die Ausdünstungen der nassen Erde und die überwältigende Süße gezuckerter Kokosnuss. Später an diesem Morgen ging ich zum Strand, um zu sehen, wie hoch das Wasser stand; und es stand tatsächlich hoch, sah häßlich aus, streifte die Ränder von Kangleong mit einem dreckigen, braunen Schaum und spie geschwärzte Holzstämme, Palmwedel, Stücke von Seilen und merkwürdige Brocken aus buntem Plastik auf den Strand vor der Küstenstraße aus.

Es war ein Tag ohne Schatten, gegen Ende unseres Sommers, der im März beginnt und im Juni endet. Es schien, als ob der Regen gekommen war, um alles zu säubern und lebendiger erscheinen zu lassen, in Farben, die noch kräftiger wirkten vor dem grauen Himmel. Auf dem Weg nach Hause lief ich an dem großen Kapokbaum vorbei, dessen untere Äste über den Zaun seines Besitzers auf die Straße hinausragten. Der Boden war übersät mit harten, braunen Kapseln, die, wie ich wusste, einen wollenen Flaum enthielten, der Rettungswesten über Wasser hielt. Ich hatte gelernt, dass es einfacher war, zwei Kokosnüsse zu schälen, zusammenzubinden und unter jede Achsel ein Paar zu klemmen; Kokosnüsse waren unglaublich schwimmfähig. Die Kapseln vom Kapokbaum waren zu stumpf und matt, um mein Interesse zu wecken, aber zwischen ihnen lag ein glänzendes Klümpchen, das, wie sich herausstellte, ein totes Fledermausbaby war. Es war grauer als der Himmel, und als ich die Flügel zusammenfaltete, passte es genau in meine Hand. Ich nahm es mit nach Hause und legte es in eine Kaffeedose voll mit Reinigungsalkohol in der Hoffnung, den Körper und das schimmernde Fell konservieren zu können – ein vergeblicher Versuch, wie ich in der folgenden Woche herausfand, einer Woche nasser und trister Tage, in deren Verlauf die Fledermaus dunkler wurde und sich aufzulösen begann. Ich wollte die feinen Knochen behalten, aber meine Großmutter warf die Dose weg, und ich weiß nicht mehr, ob mich das traurig stimmte oder erleichterte. Der Sommer verschwand bald in langen, schweren Leichentüchern aus Regen. Keine Kokosnüsse fielen mehr herunter.

Mitte Juni schaffte es mein Onkel, mir einen Platz in einer C-47 der Air Force zu organisieren, die auf ihrem Weg nach Manila einen Zwischenstopp auf unserer Insel einlegte. Es war ein holpriger Flug, und wegen der Ohrenschmerzen weinte ich beinahe, aber der Gedanke, dass ich mit Soldaten unterwegs war, bremste mich. Ich lenkte mich ab, indem ich aus dem Fenster starrte auf der Suche nach dem Horizont. Ich sah zerrissene Wolken und eine bleierne See, bis die dunkelgrüne Landmasse Luzons auftauchte, die Ebenen überspült vom Hochwasser. Wir taumelten in eine Stadt, durchgepeitscht vom Regen.

Und jetzt, sechsunddreißigtausend Fuß über dem schwarzen Pazifik, bitte ich um Kaffee ohne Zucker, gebe der Schlaflosigkeit nach. Vielleicht über Hawaii werde ich meine Augen schließen, für die nächsten zehn Stunden nichts sehen und aufwachen im überfluteten Manila, in der Erinnerung vor fünfundzwanzig Jahren. Und ich wäre wieder ein Kind, und mein Vater würde mich vom Flughafen abholen mit einem schnell noch ausgeborgten Jeep, da er mich erst in der nächsten Woche erwartet hatte. Mandoy Imoy ist schuld, würde ich ihm sagen; er hat mich in das Flugzeug gesetzt, um sich das Ticket für die Fähre zu sparen. Was für eine Dummheit, würde Tatay* sagen, dich bei diesem Wetter fliegen zu lassen; na gut, damit erledigt sich das Hemd, das ich ihm zu Weihnachten schicken wollte. Ich hatte eine gute Zeit, würde ich sagen; ich wollte noch bleiben.

Aber es waren keine zwei Stunden, seit wir von San Francisco aus gestartet waren. Es ist eine 747, und in diesen sturmfreien Höhen scheint sie sich kaum zu bewegen. Neben mir sitzt ein Mann, ein Amerikaner um die fünfzig. Seine Hände imitieren zwei zuschnappende Krabben auf der Jagd nach Erdnüssen, die sich aus der Plastikverpackung befreit und auf seinem Tablett verteilt haben.

»Es ist ein völlig neuer Krieg«, erzählt er mir mit einem Bier in der Hand. Ich denke, er meint den Handelskrieg mit den Japanern, aber er breitet eine Broschüre eines Luftfahrtunternehmens aus, die ein Raketensteuerungssystem für das Jahr 2000 anpreist. »Der Pilot könnte tot sein, diese Babys fliegen einfach weiter. Und alles, was es dazu braucht, ist eine Stückchen Hardware in der Größe Ihres Fingernagels. Arbeiten Sie mit Computern?«

»Ich arbeite mit Wörtern.« Die Stewardess bringt meinen Kaffee. »Salamat.«

»Was sagten Sie?«, fragt mein Sitznachbar.

»*Salamat* … danke. In unserer Sprache … ich bin Filipino.«

»Oh.« Und dann: »Spricht jeder Englisch auf den Inseln, so wie Sie?«

»Beinahe«, sage ich, obwohl es nicht ganz der Wahrheit entspricht. »Ich hatte ein paar Kurse«, erkläre ich, er scheint zufrieden.

»Asiaten … ihr seid schwer auseinanderzuhalten. Japaner, Chinesen, Vietnamesen. Verdammt, ich kann euch nicht unterscheiden. Sie sehen chinesisch aus für mich.«

»Mein Großvater war zur Hälfte Chinese.«

»Ich wusste es. Zumindest nicht ganz falsch. Ich zum Beispiel, ich habe was Deutsches von irgendwo, mit einem Namen wie Weiskopf, Sie verstehen, W-E-I-S-K-O-P-F. Larry Weiskopf übrigens.« Er reicht mir seine Hand, ich spüre sein dickes Blut durch die Adern fließen.

»Noel Bulaong. Boo-LAH-ung.« Noel Ilustre Bulaong: mein Name, mit genug Raum zwischen den Vokalen, sodass er, ganz nach individuellem Geschmack, falsch gelesen, falsch verstanden oder falsch ausgesprochen werden kann … zur besten Unterhaltung der Leute, aber ohne lange anhaltenden Kummer, schon gar nicht für mich, es ist schließlich nur mein Name, ein

Klang heller, lebhafter Schwingungen: »No-wail, No-well, Ill-luster, Ill-astray, Bull-y, Boo-lay … Billy Young …«

»Beaulah Wong.«

»Ja.«

»Also … bleiben Sie länger oder nur zu Besuch?«

»Ich bin mir noch nicht sicher. Mein Vater ist gestorben.«

»Oh. Tut mir leid, das zu hören.«

»Danke.« Er spielt mit der Broschüre, das Schweigen ist ihm offensichtlich unangenehm. »Es war so oder so an der Zeit, nach Hause zu fliegen«, sage ich. »Was ist mit Ihnen?«

»Geschäfte. Ich helfe beim Aufbau einer Chipfabrik in … Mactan … spricht man es so aus?«

Ich denke an Inseln und einen weißen Strand. All das würde sich verändern, hatte sich verändert, so auch mein Vater, selbst jetzt, während ich in der Luft bin.

Irgendwann in diesem Kindheitssommer in Kangleong entdeckte ich, dass es möglich war, die Zeit auszutricksen. Ich hatte alles in und um die Stadt nach jungen grünen Mangos und Papayas abgesucht, die von ihren Elternpflanzen abgeworfen worden waren, und sammelte sie in einer alten Keksdose. Sie waren die hübschesten Dinger, die perfekten Miniaturen ihrer kräftigeren Geschwister, mit feinem, delikaten Duft und einer unwiderstehlich perfekten Form, ungewöhnlich für ihr Alter und ihre Größe. Aber wenn man hineinbiss, waren sie bitter – nichts da außer hartem weißen Fleisch, Kernen und Fasern. Sie schwitzten in der Dose, bis sie gelb wurden, und dann schmeckten sie immer noch furchtbar. Meine Großmutter zeigte mir, wie man sie besser reifen lassen konnte. Sie nahm meine grünen Früchte in die Küche, wo sich unterhalb des mit Holz befeuerten Lehmofens jede Menge Asche angesammelt hatte. Sie formte ein Loch in die zusammengepresste Asche und und vergrub die jungen Dinger da drin.

So, sagte sie, könnten sie gerettet werden. Sie würden zwar nicht mehr wachsen, aber immerhin würden sie mit der Zeit süßer.

Wenn ich an Wasser denke, erinnere ich mich an den Schuppen und die Fische in Kangleong. Wann immer die Toilette in dem Haus, wo ich wohnte, besetzt war, musste ich um die hundert Meter laufen, über die Straße, durch einen Wald aus Schopfpalmen und Bambus, runter zu einer Flussmündung, wo ein Schuppen auf Stelzen über brackigem Wasser stand. Es war die denkbar einfachste Konstruktion, ein Kiste aus Holz mit einem Loch im Boden. Ich würde mich über das Loch hocken und loslassen. Und dann passierte etwas Unglaubliches: Drei oder vier Fische schossen in mein rundes Blickfeld und zappelten im grünlichen Wasser wie dünne, blaue Zigarren, mit einer gelb leuchtenden Spitze. Sie standen im Wasser und warteten auf den nächsten Brocken, mit Augen und Mündern in gespannter Erwartung gierten sie nach mir. Sie wirkten noch seltsamer als der *bayawak*, die hühnerfressende Eidechse, der ich auf einer Flussbank im Landesinneren begegnet war, wo es keine Toiletten gab, nicht mal einen Schuppen. Der *bayawak* hatte mich angestarrt, während ich mich mit Kokosnussschalen sauber putzte. Ich lache, wenn ich daran denke, wie ich für diese Tiere ausgesehen haben muss.

Das letzte Mal besucht hatte ich Kangleong, nachdem ich von meinem ersten Trip aus den Vereinigten Staaten zurückkehrte, und es war während dieses Besuchs – ein angenehmer dank vieler Biere mit entfernten Onkeln und phantasievollen Erzählungen über die 42nd Street und Atlantic City –, dass ich ein Foto meines Vaters als junger Mann in die Hand bekam, in einem Polo mit Blumenmuster und weiten grauen Hosen, wie es damals Mode war. Er sah aus wie ein Angestellter im öffentlichen Dienst auf dem Weg nach oben; zu dem Zeitpunkt war er das wahrscheinlich auch. Mein Vater hatte viele Jobs: Polizist, Inspekteur beim Motor Vehicles Office*, hoher Beamter, Abteilungsleiter.

Meine Mutter hatte für jedes von uns drei Kindern ein Album zusammengestellt, sodass wir alle Erinnerungsfotos hatten, die sich kaum voneinander unterschieden: Wir posierten im Zoo, einer nach dem anderen, vor denselben Giraffen und Pfauen. Mein Album begann mit einem schokoladenbraunen Foto meines Vaters in seiner Polizeiuniform, auf dem er in entspannter Haltung am Fuß einer Wendeltreppe steht, den Säbel in der Hand.

Mein Vater erzählte, dass er auf der Polizeiakademie in Manila war, nachdem er den Vorbereitungskurs für ein Jurastudium aus Geldnot abbrechen musste, und dass der andere Anwärter, mit dem er sich ein Zimmer teilte, vierzig Jahre später Brigadegeneral der Nationalpolizei und Vertrauter des Präsidenten geworden ist. Mein Polizisten-Vater tauchte einmal in der Zeitung auf während eines Aufstands im Stadtgefängnis; ein Gefangener hatte auf dem Höhepunkt des Tumults versucht auszubrechen, und mein Vater schoss ihm ins Bein. Mein Vater hatte den Ausschnitt nicht mehr, als er mir die Geschichte erzählte, aber ich glaubte ihm ohne den geringsten Zweifel; er war ein guter Mann, mit einem guten Herzen und einem Kopf für Wörter und Zahlen, die weit über den engen Umkreis von Kangleong hinausreichten; ein Schachspieler, Reader's Digest-Leser und Fan von Kreuzworträtseln auf Englisch, der Sohn eines Kokosnussbauern, von dem alle Schullehrer der Stadt entzückt waren wegen seines starken Ehrgeizes und der Fülle seiner Talente, so ganz anders als jene, die ihr ganzes Leben lang kleine Händler oder Wilderer von Wasserbüffeln bleiben würden, wie meine entfernten Onkel, die an besonderen Tagen Bier mit Gin und Cola mischten für besondere Gäste, die bereits von *tuba** besoffen waren, diesem süßlichen, orangenen Schaum, der sich mit fortschreitender Zeit in Kokosnussessig verwandelte.

»Dein Tatay«, sagte Mandoy Imoy, als ich in jener Nacht auf seine Schulter gestützt zum Tor schwankte, »er war ein kluger Junge, was für ein Hirn der Kerl hatte! Wir sind auf dieselbe

Schule gegangen, hat er dir das erzählt? Er konnte das komplette Ein-mal-eins mit fünf, und er kannte englische Wörter, die keiner von uns je gehört hatte, sowas wie, äh, ›fagelistic‹ oder ›rumcimian‹. Hast du so 'ne Wörter schon mal gehört? Was für ein Hirn. Aber er konnte mit Geld nichts anfangen. Dir geht's gut, du hast einen guten Job, du bist drüben, ich glaube, dein Kopf funktioniert ganz gut. Aber dein Vater – er hätte richtig Kohle machen sollen, vielleicht ist er doch nicht so klug, was? Vielleicht war er, äh, fagelistic, hahaha!«

Tatay wollte Anwalt werden, woran er scheiterte und dann Gesetzeshüter wurde – eigentlich sogar eine Art Geheimagent, mit einer versilberten Dienstmarke an seinem Geldbeutel, auf der das Symbol des Motor Vehicles Office prangte. Mein Bruder und ich fuhren manchmal in Bussen und Jeepneys* mit ihm, und wenn der Kontrolleur kam, um uns Tickets zu verkaufen, ließ mein Vater einfach ganz langsam den Geldbeutel mit seiner Dienstmarke schwingen, sodass sie den Kontrolleur blendete; der taumelte davon und ging dann seinen üblichen Pflichten im Mittelgang nach, und all das geschah ohne ein Wort, ganz unauffällig.

Mein Vater wurde später hoher Beamter am Hauptsitz der staatlichen Autobahn-Behörde, dank der Vermittlung unseres Provinzabgeordneten, für den mein Vater Reden schrieb. Er bekam einen Schreibtisch, überhäuft mit Stiften – rote auf der einen und blaue auf der anderen Seite –, und einen riesigen Drehstuhl, der mächtig quietschte, wenn er sich bewegte. Er kaufte sich eine dünne Ledermappe und ließ seine Initialen in Gold darauf prägen. Der Abgeordnete schenkte ihm zu seiner Ernennung eine große, halbrunde Platte aus Marmor – der Exportschlager unserer Provinz –, auf der sein Name eingraviert war in einer Schrift, wie man sie aus alten Bibeln und Urkunden kennt. Das hatte ziemlichen Eindruck auf mich gemacht, offenbar genauso wie auf all die Leute aus Kangleong, die voller Hoffnung bei meinem

Vater auftauchten mit Strohkörben voller Mangos und Eier und den immer wiederkehrenden Bitten, stets mit Demut vorgetragen und ebenso empfangen, um diesen oder jenen Gefallen, einen Brief, einen Anruf, einen Termin, eine Zuwendung für eine Hochzeit oder Taufe, eine Spende für das große Fest, eine Flagge für das Volleyballteam.

All das erschien umso imposanter, als Tatay nie einen Hochschulabschluss gemacht hatte und es abgelehnt hatte, zu seiner Ehre in alle Ewigkeit und seinem unendlichen Unglück, die Dienste eines gescheiterten Architekturstudenten auf der Arlegui Street in Anspruch zu nehmen, der Leuten Abschlüsse von der Universität ihrer Wahl besorgte, mit einem von Hand gefärbten Porträt mit Barett und Talar als Zugabe für ein einträgliches Geschäft. Wie dieser Mann schlug sich auch mein Vater mit viel Erfindungsreichtum durch und erreichte sogar einen gewissen Wohlstand, gemessen am Standard seiner Heimatstadt – eine Stelle als Beamter, eine Wohnung, aber kein Auto, einen Fernseher mit allem Drum und Dran, Sommerurlaub im feinen Baguio, eine Familie mit Kindern, die ordentliches Englisch in der Schule und ungezügeltes Tagalog zuhause sprechen konnten, aus dem Süden eingeschmuggelte Chesterfields mit blauer Banderole, eine seit langer Zeit ungeöffnete Dose Maxwell House Instantkaffee, die auf die VIPs wartete, eine in Folie gewickelte Flasche Chanel No. 5 für den dreißigsten Geburtstag meiner Mutter, ein Weihnachtskalender vom Abgeordneten und seiner Familie mit Unterschrift, der von der Küchenwand hinüberstrahlte zu einem Farbdruck des Letzten Abendmahls im Esszimmer und einem Regal mit einer bescheidenen Sammlung von Reader's Digest Condensed Books, LIFE-Magazinen, einem Hammond-Atlas, dem Webster's Dictionary, Erle Stanley Gardner, *To Kill a Mockingbird, The Last of the Mohicans*, einem Veranstaltungskalender und Blitzschach-Rätsel Nr. 8.

»Du könntest unser Bürgermeister werden, und vielleicht, wer weiß, sogar unser Gouverneur! Die Strategie überlässt du mir, ich manage die Kampagne«, krähte mich eines Nachmittags Mandoy Imoy an, vor sich sein Bier-Gin-Cola-Gemisch. Mandoy Imoy, ein ehemaliger Stadtverordneter und Cousin meines Vaters mütterlicherseits, war einst für fünf Monate Kangleongs amtierender Bürgermeister gewesen, als der eigentliche Amtsinhaber in einem Krankenhaus in Quezon City in Behandlung war wegen Komplikationen nach einer Blinddarmoperation. Zu der Zeit, als der Patient entlassen wurde, hatte Mandoy Imoy ausreichend Beweise für einen Finanzbetrug gesammelt, um den Mann zu überzeugen, seine Reha noch etwas zu verlängern und sich mit dem Gedanken an einen beruflichen Rückzug in seine komfortable, stuck- und marmorbehangene Maisonettewohnung anzufreunden. Der Bürgermeister beantragte eine längere Beurlaubung und überdachte seine Optionen. Mandoy Imoy sonnte sich in der Gunst der öffentlichen Meinung und liebäugelte damit, bei der nächsten Wahl selbst zu kandidieren – ungeachtet seiner jämmerlichen Geldnot und der Tatsache, dass er innerhalb seiner Partei, der PNR, in Ungnade gefallen war, in deren Reihen sogar Opportunisten auf eine gewisse Seriosität Wert legten, weshalb in diesem Fall Emigdio Bulaong keinen Anspruch auf ein hohes Amt stellen konnte, da er versäumt hatte, seine Mitgliedsbeiträge immer rechtzeitig zu zahlen. Mandoy Imoy hatte bis dahin nie mehr besessen als zwei Büffel und seine Hütte im Schatten der Brotfruchtbäume, aber es gab ungefähr zweihundert Bulaongs allein an diesem Berghang, für die sich Mandoy Imoy als eine Art Patriarch einsetzte, und um deren Stimmen zu bekommen, hatte der Bürgermeister einen Bulaong mit ins Team genommen. Und so war ich nach Einschätzung meines Onkels Imoy der logische Erbe seiner Machtambitionen. Wir hätten etwas gemeinsam, sagte er zu mir, und zwar nicht so sehr das Blut, sondern eine besondere Erfahrung: Wir beide waren im Ausland gewesen, und nicht einmal mein Vater hatte das geschafft.

Es war eine der immer wieder erzählten Geschichten in Kangleong: Wie sich, irgendwann in den Dreißigerjahren, der Junggeselle Emigidio auf einen Ozeandampfer geschlichen hatte, der während eines schweren Taifuns im Hafen von Tigbawan vor Anker gehen musste.

»Ich verkaufte ihnen Kokosnüsse und Hühner«, erzählte er, »ich ruderte raus in den Sturm, um mein Glück zu versuchen. Ich dachte, sie wären Amerikaner, oder Spanier. Ich sah ein paar schwarze Seeleute, aber die meisten Leute waren weiß, einige mit rotem, krausem Haar wie dieser Protestant McDonnell, der Mathe auf der Highschool unterrichtete … der schlug mir einmal auf den Kopf, dachte, ich hätte geschummelt, und vielleicht hatte ich das auch, aber ich hasste es, ausgelacht zu werden, und so strich ich nach der Schule eine dünne Schicht Melasse auf seinen Sattel, der war braun, er ahnte nichts, und dann schrie jeder ›Scheiße, Scheiße, Scheiße‹, als er davonradelte … Also da war ein Priester auf dem Schiff, aber ich verstand kein Wort von dem, was er sagte, ich könnte nicht mal sagen, welchem Glauben er angehörte, außer dass er einen Kragen trug und ein silbernes Kruzifix an einer Kette. Er sprach mit sehr leiser Stimme, als hätte er seit Tagen nichts zu essen bekommen, und wer weiß, vielleicht stimmte das auch! Sie waren weder Amerikaner noch Spanier, und sie boten mir Geld für meine Waren, aber ich hatte solches Geld noch nie gesehen, schönes Geld, Scheine mit Galeeren und Reitern in rot und lila darauf, und die Beträge waren natürlich in einer seltsamen Sprache mit lauter Vs und Hs geschrieben, aber ich konnte die Zahlen lesen, verdammt, ich war ja kein Idiot, Zahlen sind überall gleich, und ich nahm die Scheine mit den meisten Nullen, sicher, dass es irgendwo, vielleicht in Santa Prisca, aber bestimmt in Manila eine größere Bank geben würde mit Leuten, die sich auskannten mit den ganzen Währungen, zumindest Fotos davon hatten, um meine Scheine damit abzugleichen. Ich verschaffte mir eine Zukunft, das wusste ich in dem Moment. Ich beschloss, mein Boot zu verkaufen, die Hütte, alles, um mir ein Ticket nach Manila zu besorgen, wo ich das Geld umtauschen und ins Geschäft mit Imbissständen entlang der Boulevards einsteigen würde, in dem mein Halbbruder, dein Tio* Torio, sich ganz gut machte mit seinem Früchtestand. Aber dann dachte ich, während ich Kokosnüsse aufknackte für diese Seefahrer, vergiss Manila, du unverheirateter Saukerl, du bist hier, lass sie nicht ohne dich fahren, und so geschah es. Ich nahm mir ein Huhn und, unter dem Vorwand, meine Waren auf dem Schiff zu zeigen, fand ich mich sehr bald in einer dunklen, aber warmen Ecke im Maschinenraum wieder, und dort versteckte ich mich, bis das Schiff auslief, ungefähr zwei Tage später.

Sie hätten mich nie entdeckt, aber es wurde unerträglich heiß, als sie die Motoren starteten, so heiß, dass mein Huhn zu brutzeln anfing, wenn ich es gegen das Metall drückte, und ich wäre fast erstickt vom Rauch der brennenden Federn. Ich versuchte, den Rauch wegzuwedeln mit den Geldscheinen, aber die waren ganz durchnässt von dem Schweiß, die halfen nicht, im Gegenteil, sie wurden ganz schwarz vom Ruß auf den Leitungen und dem Hühnchen … Und dann kam mir in den Sinn, was für ein Duft, was für ein Festmahl, was für ein Huhn … Und so fanden sie mich wegen des Huhns, es machte jeden unter Deck verrückt, aber als sie mich schließlich fanden, hatte ich es bereits komplett verdrückt und nagte nur noch an den Knochen, und das machte sie noch wütender, aber zu dem Zeitpunkt waren wir schon weit entfernt von diesem bescheuerten Land, und ich war überzeugt, dass wir bald in Amerika oder Frankreich, oder von wo auch immer diese Menschen kamen, anlegen würden, irgendwo auf der anderen Seite des Pazifiks.«

»Du bist so ein Lügner, Mandoy«, sagte ich und füllte sein Glas auf, während meine anderen Onkel die Wolken angrinsten und den sandigen Schlamm zwischen ihren Zehen.

»Wie ich sagte«, Mandoy Imoy ließ nicht locker, »wie ich sagte, ich war auf dem Weg nach Amerika. Das war es, was ich wollte, das war es, was ich glaubte, aber es sollte nicht sein, und, ach, die Enttäuschung darüber schmerzt mich noch heute, besonders jetzt, wenn ich dich anschaue, mein Stolz und mein Neid, was für ein glückliches Händchen du hast, welche rosigen Nippel sie schon gekniffen haben muss, und erzähl mir, ehrlich, welche Haarfarbe …«

Rot. Ich hätte rot sagen sollen, aber es war kein richtiges Rot, so, wie ich es verstand; sie sagten: »Rot, Jenny hat rotes Haar«, aber wenn ich es anschaute, sah ich Karamel und Stroh oder irgendeine marmeladenartige Färbung, aber nie das fluoreszierende Rot, das Korallen und Flamingoblumen durchfloss, die Röte von bestimmtem Lehm, chinesisch, undurchlässig, vital. Jenny war rothaarig nach amerikanischem Verständnis, aber sie konnte es nicht leiden, so genannt zu werden, sie meinte, es wäre ein Codewort für Schlampe oder sowas in der Art. Ich sagte ihr, das ich rot mochte, dass Freunde sagten, es passe gut zu meiner Hautfarbe, aber wir sprachen nicht über dasselbe.

Ich antwortete Mandoy Imoy, um ihn in seiner müden Heiterkeit zu bestätigen: »Blau.«

»Sowas gibt es nicht, halt mich nicht für dumm, ich habe ein paar Bilder von den Mädchen in Amerika …«

»So ein Land gibt es nicht, ich hab dich nur veralbert, ich bin nie weiter gekommen als Mandaluyong. Tut mir leid, ich hab auch gelogen.« Ich kicherte, aber Mandoy Imoy blickte finster drein und spuckte.

»Dann kannst du nicht Bürgermeister werden«, fauchte er. »Du brauchst Erfahrung.«

Fünf Monate, nachdem er das Amt des Bürgermeister übernommen hatte, gab er es wieder an den ursprünglichen Inhaber ab. Es gab eine kurze Zeremonie auf den Stufen des Rathauses, und dann begab sich Mandoy Imoy in den Ruhestand in seinen neuen Beton-Bungalow am Meeresufer, in dessen Garten wir diese Drinks und Gespräche hatten.

»Wir landeten in Japan. Yokohama. Sie schickten mich von Bord. Ich traf ein Mädchen. Wir hatten Verständigungsprobleme, am Anfang, aber es klappte irgendwie. Ich wohnte bei ihr für beinahe ein Jahr, bis ein Schiff Richtung Heimat anlegte.«

»Warum hast du Japan verlassen?«

»Ich hatte größere Träume. Ich wollte etwas werden. Ich fischte bloß Stachelmakrelen in Yokohama.«

Ein oder zwei Mal hatte ich meinen Vater gefragt, was er während des Krieges gemacht hatte, und er erzählte, dass er, ein Teenager damals, an der Küste als Wachposten gedient hatte, immer auf der Hut, dass keine Flottillen von Schlachtschiffen und Flugzeugträgern in Tarnfarbe bei Nacht an ihm vorbeizogen, was auch nicht geschah, zumindest entdeckte er es nicht, und der Gedanke ließ ihn nicht los, dass die *Yamato* in einem unglücklichen Moment durchgeschlüpft sein könnte, etwa wenn ihm meine Mutter – die in Manila studierte und die er noch heiraten musste – durch den Kopf ging. Soweit ich das beurteilen konnte, hatte Kangleong nur eine bruchstückhafte Begegnung mit dem Krieg, als eine japanische Zero über dem Kalawit Channel abgeschossen wurde, der Pilot sich aus dem Flugzeug retten konnte und in den Stachelannonen hinter der Hauswirtschaftsschule landete.

»Ich konnte noch genug japanisch, um ihn zum Lachen zu bringen«, sagte Mandoy Imoy und meinte den Fallschirmspringer. »Er sagte, er wäre zweiundzwanzig und dass er aus Kasumigaseki käme. Ich war kurz von der Rolle, weil das so nah an Yokohama dran ist wie ein Popel einer Nase. Aber wie auch immer, sie nahmen ihn mit und erschossen ihn, nach einigem Hin und Her, weil sie nicht wussten, was sie mit ihm anfangen sollten, außer dass sie ihn mit Papaya füttern wollten, was er ablehnte, er beteuerte keinen Hunger zu haben. Es brauchte drei Kugeln, um ihn zu töten. Wir hatten nur ein Gewehr, und sie losten aus, wer ihn erschießen sollte. Er ahnte nichts. Koichi war, glaube ich, sein Name, und ich ahnte auch nichts, bis sie ihn wegführten in die Büsche, wo sie ihn fesselten, und sie lachten wegen seiner kurzen Hose oder was auch immer das sein sollte, die sah so komisch aus, und dann dämmerte es auch ihm, denn er begann zu zittern und rumzuhüpfen und schiss sich ein und redete so schnell, dass ich kaum was übersetzen konnte, mein Japanisch war zu schlecht. *Kami, kami* … Ich fragte mich, warum ›Haar‹ so wichtig für ihn war, mal abgesehen davon, dass er eine Glatze hatte. Ich denke daran, ab und zu. Erklär mir, mein kluger Neffe, was könnte so besonders sein an Haaren?«

»Naja, Mandoy, ich glaube, dass es das Letzte ist, was verschwindet, wenn wir sterben, abgesehen von den Knochen natürlich. Tatsächlich haften sie an den Knochen, am Schädel, wenn die Kopfhaut austrocknet, man könnte meinen, sie wurzeln tief im Hirn. Sie sind unglaublich kräftig.«

Ich war hoch nach Guinubatan gefahren, um das Grab meines Großvaters mütterlicherseits zu besuchen während dieses Sommers in Kangleong. Mein Großvater war ein Jahr vor meiner Geburt gestorben, und es gab nur sehr wenige Bilder von ihm – Bilder, die ich erst viel später entdeckte, als ich groß und neugierig genug war, um mich durch die Papiere in der alten Reismühle zu wühlen, ein Ort, den ich bis dahin, wenn möglich, gemieden hatte wegen der Schlangen, die gerne zwischen den Reissäcken nisteten. Sie wurden dort gehalten, um Ratten zu fangen, wurde mir erzählt, ansonsten waren sie harmlos, aber ich hatte zu viele Märchen über Hexerei und Monster gehört, um mir da sicher zu sein. Guinubatans Zahnarzt zum Beispiel sollte angeblich von einer bestimmten Gattung von Krokodilen abstammen, die eine Lagune kurz hinter der Stadtgrenze zu ihrem Domizil gemacht hatten; die Lagune wurde dann zugeschüttet, um als Busdepot für die Schnellstraße Richtung Norden zu dienen, aber das Unternehmen scheiterte, und das Depot wurde schnell überwuchert von Moosen und Gräsern. Man konnte dort Schildkröten fangen, die unter den Dielen der ehemaligen Wartehalle herumkrochen.

Meine Onkel erzählten mir auch, dass, wenn ich mich anstrengen würde, ich das Gesicht meines Großvaters durch ein Fenster sehen könnte, das sie an einer Seite des Betonkastens eingesetzt hatten, in den sie seinen Leichnam gesenkt hatten, überirdisch. Ich hatte noch nie ein Grab mit einem Fenster gesehen, und mein Großvater war seit elf Jahren tot. Die Neugier schob meine Zweifel beiseite, und ich zog los zu dem Hügel, wo sich der Friedhof befand, um nach Lolo Selmo zu suchen, der angeblich in seinen Junggesellenjahren Juwelier gewesen war. Auf dem Fußweg dorthin fragte ich mich, ob sie deshalb ein Guckloch in Lolo Selmos Ruhestätte eingeschnitten hatten, damit sie sehen könnten, ob er sich heimlich ein paar wertvolle Steine und Edelmetalle einverleibt hatte.

Es dauerte eine Weile, die Stelle zu finden; das trockene Gras schnitt in meine Schienbeine und ein großer schwarzer Hund mit Ohren wie Fledermäuse heulte laut an der Friedhofsmauer. Ich wurde weiter abgelenkt von einem Busch voller rotschwarzer, eiförmiger Samenkapseln – »Hexenaugen« wurden sie von den Leuten genannt, sie waren für nichts zu gebrauchen außer vergnüglicher Ablenkung. Die Kinder holten sich ganze Hände voll und sammelten sie zuhause in Holzschalen, um sie anzuschauen und mit den Fingern darin zu wühlen, wenn es sonst nichts anzustellen gab. Ich war mir sicher, dass sie giftig waren, sonst wären die Vögel längst über sie hergefallen. Ich zupfte ein paar davon ab; ich sah nach oben zu den Krähen, die in den Kokosnusspalmen umherflogen und warf die Kapseln nach ihnen; nichts geschah, nichts änderte sich. Ich kletterte auf ein Grabmal – ein frisches, auf dem grobkörnigen Zement an der Öffnung waren noch Spuren der Maurerkelle zu sehen – und lehnte mich gegen einen der zwei marmornen Engel, die auf jeweils einer Seite des Kreuzes Wache standen. Dort ruhte ich mich aus, ein Bein baumelte herunter, ich klopfte gegen die Seitenwand, genoß den Wind und den Hauch von Dung, der über die ganze Insel waberte, und dachte bei mir, dass, wenn ich sterben würde, Pferdestatuen aus Marmor über meinem Kopf stehen sollten, in verschiedenen Farben und Posen.

Marmor gab es in Massen, er war billig. Ich hatte die Insel Tigbawan auf der gegenüberliegenden Seite des Kanals gesehen mit der Hauptstadt Santa Prisca, die Insel ragte aus dem Wasser wie ein kaputter Zahn, auf einer Seite völlig zerbröckelt. Die ganze Insel bestand aus Marmor, und Generationen von Insulanern hatten den Stein unter ihren Füßen abgetragen. Die Männer, die für die Firma Marblex arbeiteten, schnitten mit wassergekühlten Sägen in die Hänge und beförderten Blöcke des qualmenden Gesteins mithilfe ausgefeilter Systeme aus Flaschenzügen auf Lastwagen, die sie zu den Schiffen im Hafen brachten. Diese Blöcke, so wurde mir erzählt, würden in Scheiben geschnitten, von denen die meisten in Manilas Finanzdistrikt landeten, um dort als Boden- oder Wandplatten der Bankhäuser zu dienen; andere würden Statuen in Kirchen aufhübschen – in den größeren mit vergoldeten Engeln auf den Dächern, geschwungenen Säulen, schweren Holztüren; einige würden von Steinmetzen geordert, deren Werkstätten sich gemeinsam mit den Blumen- und Kerzenläden an die Kirchen schmiegten und deren Elektrobohrer die *Aves* und *Kyries* übertönten mit schrillem Beharren auf Einhaltung der Termine. Die Firma versorgte all diese Abnehmer. Aber kleinere Brocken des Tigbawan-Marmors hielten auch die Familien auf der Insel am Leben, insbesondere jene, die ihre Höfe und ihr Vieh verloren hatten; diese Familien verwandelten ihre Wohnzimmer und Hinterhöfe in Werkstätten, wo sie – mit Feilen und Meißeln, geschmiedet aus den Federn von Stoßdämpfern – marmorne Gänse und Phallusse formten, Schlüsselanhänger in Form von Katzenpfoten, schmalgesichtige Jungfrauen, Obstschalen, Vasen und Namenstafeln wie die meines Vaters: »Cicario Diaz, LI.B., Rechtsanwalt«, »Msgr. Woodrow Macabuhay, S.V.D.«, »Juhn-Juhn Pantaleon, Leiter Meldeamt, MPW.«

Ich hüpfte über die Gräber und beugte mich jedes Mal runter auf der Suche nach Lolo Selmos Namen, bis ich ihn in der östlichen Ecke des Friedhofs fand, auf einer Marmorplatte, die an dem vom Wetter gezeichneten Sarkophag angeschraubt war: »Anselmo R. Ilustre, 21. Dez. 1877 – 9. Okt. 1952«, den spanischen Namen übernahm er aus irgendeinem merkwürdigen und schwer nachvollziehbaren Grund, höchstwahrscheinlich hatte es etwas mit seinem Geschäft zu tun oder mit juristischen Notwendigkeiten oder einfach mit der Flucht vor unbeschreiblichen Pechsträhnen, die insbesondere chinesischen Händlern vorbehalten waren. Sein eigener Vater war aus China, von Amoy rübergekommen und unterhielt eine kleine Flotte von Segelbooten, die Marmor, Zucker, Tuch und Reis zwischen den Inseln hin und her fuhren.

Ich sah keines dieser Boote, genausowenig wie meine Mutter, die jüngste von elf Geschwistern. Es hieß, sie seien bei einem Sturm auf See gesunken, aber das erschien zu märchenhaft, um es einfach so hinnehmen zu können; sie könnten etwa verkauft worden sein im Tausch gegen Land oder um Spielschulden zu tilgen, eine durchaus ernstzunehmende Möglichkeit, bedenkt man die Stunden, die meine Tanten und Onkel – und, in ihren einsamsten Stunden, auch meine Mutter – über den Mahjong-Platten verschwendet hatten, um, ohne hinzuschauen, nur mit den Fingern, die Figuren auf dem Elfenbein zu erraten – Bambusstöcke und Nummern, Kreise und Blumen, Winde, Ränder, Punkte und Vögel –, während die von Gas angetriebene Reismühle im Hintergrund ratterte und die Körner umwälzte.

Das Fenster lag auf seiner Kopfseite, nahe am Boden; die dicke, grünliche Glasscheibe war von beiden Seiten mit Dreck überzogen, aber als ich mich auf den Boden kniete und meine Position nach dem Einfallswinkel des Lichts ausrichtete, konnte ich die Geschichte meiner Onkel bestätigen: Ich sah Großvaters Schädel auf seinem zusammengefallenen Kissen, die Zähne lang und bloßgestellt, der Knochen überzogen mit Mustern blaugelber Mondlandschaften und Chinesischer Mauern, die sich in die Hohlräume und das silberne Dickicht seiner Haare zogen – feines, drahtiges Haar, das sich über und um seine Stirn ausbreitete wie eine Aura, wild, strahlend, unzerstörbar. Vom Rest seines Körpers konnte ich durch das Glas nichts weiter sehen außer dem geknöpften Kragen eines cremefarbenen Leinenhemdes, des *americana cerrada**, das schon mindestens zwanzig Jahre vor seinem Tod aus der Mode gekommen sein musste. Er hatte nie Viskose kennengelernt, meinen Stoff, dehnbar und robust, gemacht für die schrillsten Farben und Designs, *she loves you yeah yeah yeah*; Viskose hat mich in die Beatles-Ära getragen. Ich dachte an die himmelblauen, engen Anzüge, in denen sie herumtänzelten, so elastisch, wie es nur Viskose sein konnte. Ab dem Hals bestand mein Großvater nur aus Leinen, das im Dunkel verschwand.

Friedhöfe machten mir keine Angst; Horrorgeschichten dagegen schon. Ich wuchs auf mit Comics, in denen Vampire ganze Dörfer überrannten in tollwütiger Raserei und jeden, Neugeborene eingeschlossen, zu den ihren machten. Die Körper der *Mananangal* brachen in Hüfthöhe auf, wenn sie der Hunger überkam, und dann wuchsen ihnen Fledermausflügel und Vampirzähne, und sie verließen ihre untere Körperhälfte, die aufrecht im Hinterzimmer stehen blieb. Genau dann, bevor die Bestien zurückkehren würden, mussten die nicht infizierten Menschen diese stehen gelassenen Hälften finden und Salz auf das offen liegende Fleisch streuen; das Salz ließ die Wunde austrocknen und machte eine Wiedervereinigung sowie jedes weitere, vermeintlich normale Leben unermesslich schmerzvoll. Der Flugvampir würde beim Anblick seiner verlorenen Beine anfangen zu toben und wild um sich schlagen, und genau in dieser Endphase, wenn er die Unvermeidlichkeit seines Todes realisierte, wurde der *Manananggal* am gefährlichsten; er würde seinen Peiniger aufspüren, ihn fangen und auffressen zu beidseitiger Verdammnis.

Diese Wesen erschienen in verschiedenster Form, und von Lolo Selmo wurde gesagt, dass ihm eines begegnet wäre, während er auf dem Weg nach Hause von einem Bankett war, zu jener Zeit, als er um meine Großmutter warb. Eine Frau kniete in der Mitte des Weges, ihr Oberkörper schleuderte nach vorne, sodass ihre Haare den Boden berührten; als mein Großvater versuchte, diesem bösen Geist auszuweichen, fauchte und knurrte sie und sprang auf ihn zu; er aber war darauf vorbereitet und wich zurück, während er gleichzeitig nach seinem scharfen *bolo** an der Hüfte griff; ihre Krallen zerkratzten seinen Hals, bevor er sein Bolo hoch und kräftig genug schwingen konnte, um sie zu erledigen; als sein Hieb ihre Schulter traf, geschah das mit zitterndem Zweifel, und während er ihr Blut betrachtete – altes Blut, zähflüssig und faulig an der Klinge klebend –, rappelte sie sich in kürzester Zeit auf, drehte sich um und verschwand im Bambus, oder in den Reisfeldern, oder woran auch immer sich mein Großvater zu erinnern glaubte. Am nächsten Morgen, so ging die Geschichte weiter, besuchte Lolo Selmo die Messe, um für seine Rettung zu danken, und da er ein einigermaßen engagierter Kirchgänger war, kniete er in der hintersten Reihe, von wo aus er zunächst den Rücken einer Frau und ihren äußerst eleganten Schleier bewunderte, aber umso mehr ließ ihn dann der breite Verband um ihre Schulter erschaudern. Diese Frau, aus deren Kehle nun die übliche Formel zur Begrüßung des Priesters erklang, war niemand anderes als meine Großmutter in spe.

Aber selbstverständlich hatte er das alles erfunden, vielleicht um sie zu ärgern, wann immer besondere Gäste zu Besuch waren und die Getränke auf sich warten ließen. Ich stelle ihn mir vor, wie er sich mit zwei oder drei Fingern gemächlich am Nacken krault, oberhalb des Kragens, eine unehrliche Geste geistiger Abwesenheit, die ein Erinnern besser verdeutlichen kann als jedes Foto.

Sie musste ihn dafür gehasst haben, aber trotzdem verließ sie ihn nicht, außer im Guten, bei der Geburt ihres zwölften Kindes. Sie wurde auf demselben Friedhof beerdigt, nur wenige Plätze entfernt von jenem Platz, den Lolo Selmo später für sich beanspruchen würde; es gab kein Guckloch an ihrem Grab, es war auch weitaus weniger dekorativ wie das von Lolo Selmo. Ich habe keine Fotos von ihr zu Gesicht bekommen, warum auch immer; meine Mutter erzählte mir einmal, dass sie während des Krieges die meisten Erinnerungsstücke verloren hätten, als die Familie ins Landesinnere umzog wegen der bevorstehenden Invasion, die niemals stattfand. Aber sie war damals bei Nonnen in Manila untergekommen, und ich fragte sie, warum sie keine Fotos ihrer Mutter bei sich hatte während ihrer Trennung. Sie lachte nur und fragte mich stattdessen: »Na, und du, jetzt von mir?« Nein, hatte ich nicht, aber ich war ja bei meiner Familie, und wir hatten immer eine Sammlung unserer neuesten Porträts im Wohnzimmer, die wir Jahr für Jahr miteinander vergleichen konnten.

Ich frage mich, wie mein Vater in genau diesem Moment ausschaut, angestrahlt von Kerzen und Lilien; sie würden ihn in einen *barong* kleiden, ihn mit Gummimasse ausstopfen, ihn rosa anmalen mit duftenden Wachsstiften, ihn haltbar und schön machen wie ein Geschenk. Es wird Trauerkränze geben, Ananassaft, Platten mit Keksen, Gitarrenmusik. Nachbarn und Cousins werden ihre Spielchen spielen: die Älteren sowas wie Poker, die Jüngeren irgendein Brettspiel. Unsere Totenwachen sind kleinere Banketts mit dem Tod als Vorwand, aber er hätte es nicht anders gewünscht und sich geehrt gefühlt, die Tradition fortgeführt zu sehen, auch in diesen kleinsten Dingen.

Tatay wollte in Kangleong beerdigt werden, und ich bat Jimmy bei unserem letzten Telefonat, kurz nachdem ich das Ticket gekauft hatte, sich darum zu kümmern. »Mach dir keine Sorgen«, sagte Jimmy. »Ich habe Bekannte bei der Airline, wir können ihn auf den Dienstagsflug kriegen.« Jimmy hatte eine Liefer- und Exportfirma für getrockneten Fisch, was ihn oft nach Tigbawan führte. Ich war stolz auf ihn, meinen Bruder Jimmy, mit seiner neugewonnenen Rationalität; er schien immer der wildere, der chaotischere zu sein, aber jetzt fragte er mich: »Geht's dir gut?« Er beschrieb die Vorgehensweise, die Logistik, das Ergebnis so ruhig, dass ich mich für einen Moment ärgerte, wie unwichtig ihm das alles zu sein schien, bis ich mich erinnerte, dass es Jimmy war, der sich die ganze Zeit gekümmert hatte, während es auch Nanay* nicht besonders ging, und Thea mit ihrer eigenen Familie beschäftigt war. Er hatte Tatay sehr umsorgt, und ein Zeichen seiner inneren Ruhe war, dass er mir ganz unaufgeregt erzählte: »Im letzten Moment dachte er, ich wäre du.«

Die nächsten paar Tage wird Tatay ganz schön schwitzen im Licht der Lampen, ein guter Gastgeber für alle möglichen Bakterien; aber in ein paar Jahren wird sein Hemd eine feste Hülle sein, und mein dann pharaonischer Vater so ausgetrocknet wie Ramses.

Aber natürlich gibt es bei uns Himbeeren, jetzt, wo ich darüber nachdenke, in Baguio – und *nur* in Baguio –, oben in den Bergen, fünf Stunden nördlich von Manila, die »Sommerhauptstadt« unseres amerikanischen Generalgouverneurs und seiner eingeborenen Thronfolger, Stadt der Kiefern und der Kohlrosen, des Nachmittagsnebels und Angelusläutens, der hundertzehn Volt, der Erdbeer-, Blaubeer- und Himbeermarmeladen. Auf den ganzen Philippinen sieht nur Baguio so ganz anders aus, riecht anders, ein koloniales Ausstellungsstück, ein botanischer Außenseiter; sich Baguio zu nähern, bedeutet, dem Staub und Salz der Ebene zu entfliehen und die unbekannte, okzidentale Kälte in sich aufzunehmen.

Man sagt, die kälteste gemessene Temperatur lag um die vier Grad, es hat also nie geschneit, aber es wurde angeblich so kalt, dass die Hühner von ihren Schlafplätzen in den Bäumen gefroren zu Boden fielen.

Motorisierte Fahrzeuge erreichen Baguio über eine serpentinenreiche Straße, gebaut im frühen neunzehnten Jahrhundert von einem Ingenieur der Army, einem Major namens Kennon, und Tausenden aus Japan importierten Straßenarbeitern – das stärkt den Wettbewerb, wie Kennon sagte; nach Fertigstellung der Straße blieben viele der Japaner, zogen tief in den Süden zu den Bananenplantagen von Mindanao, heirateten Einheimische, schwelgten in Erinnerungen und warteten auf ihre Zeit; bei Ausbruch des Krieges stellte sich heraus, dass einige Spione für das alte Nippon darunter waren: »Du kannst mich mal, Kennon-san!«

Eine Tür führt zur nächsten: Kennon zu John Hay, der, nach dem das Camp John Hay benannt ist. Lincolns junger Sekretär, später McKinleys und Roosevelts Secretary of State. John Milton Hay erklärte die Philippinen und Hawaii zu amerikanischem Herrschaftsgebiet, sicherte den USA die Kontrolle über den Panamakanal, half bei der Entwicklung der Politik der offenen Tür in China und hinterließ seinen Namen am Eingang von Baguios Militärstützpunkt und Golfplatz de luxe, Camp John Hay, ein waldiges Refugium für alle, die Asien satt haben. Vielleicht haben Soldaten die Himbeeren und exotischen Blumen hier hinterlassen; oder es könnten belgische Nonnen gewesen sein, aus Heimweh; aber wahrscheinlich war es Gott, der sich einen Spaß erlaubte.

Ob du ein Ausflügler bist, ein Tagungsgast, in den Flitterwochen oder ein gewöhnlicher Stadtflüchtling, der hier durchzieht (aber von wo? wohin? warum?), Baguio kann einen in Hochstimmung versetzen; und dann, genauso gut, kann es seine eigenen Leute umbringen, das Gold aus seinen Minen spülen mit dem Blut der Ureinwohner und folkloristischen Schmuck feilbieten für Nikon-Kameras und Dollars. Baguio kann sogar die Toten töten: Mumien, aus Höhlen geklaut weit im Norden und an Schmuggler verhökert. Ein Zupfen am Ärmel, ein Kratzen am Oberschenkel: »Bitte geben Sie mir Geld, fünf Centavos!« Fünf Centavos, da kommen Erinnerungen hoch, ein Sechshundertstel des aktuellen Dollarpreises, damals vielleicht zehn Mal mehr wert, als ich das zum ersten Mal hörte, dieses erste Mal mit der Familie, als wir uns alle in den Bus quetschten für ein besonderes Sommergeschenk von Tatay; der Trip musste ihn damals Zehntausende seiner kostbaren Centavos gekostet haben. Und ich würde sie wieder ausgeben, für dieselbe Truppe, wenn das möglich wäre, und würde einen Eimer voller Münzen den Berg runterwerfen zu den Kindern weiter unten.

Aber warum mache ich mir was vor? Wir gaben dem Mädchen nicht ihre fünf Centavos, taten so, als ob wir taub geworden wären aus Ehrfurcht vor der Aussicht, dem Höhenunterschied, und ach ja, der Distanz zwischen uns.

»Sie sind da! Sie sind da! Wir müssen los!« Meine Mutter fasste über meine Schulter, um Jimmy wachzurütteln, und ich platzte in den Raum hinein aus einem Traum voller Eidechsen. Wir hatten auf unserer Matte im Wohnzimmer geschlafen, mein Bruder und ich, und schreckten zurück vor dem herumflackernden Licht der Taschenlampe, mit der unsere Mutter um die Matte kreiste, während meine Traumeidechsen zum Dach und nach draußen in die Nacht huschten.

»Sucht eure Schlappen, los, gut, da sind deine, das sind Jimmys, beeilt euch oder wir kriegen Tatay nie zu sehen!«

Mein Bruder schien kurz hochzuschrecken bei der Erwähnung unseres Vaters, aber dann, als ob ihn Tatays Abwesenheit in seinem verschwommenen Blick verwirrte und er deshalb entschied, sich nicht weiter darum zu kümmern, sank er wieder zurück in den Schlaf. Aber Nanay klopfte mit der kalten Taschenlampe an sein Knie, er schoss hoch und jammerte, während Nanay und ich lachten. »Was ist los?«

»Zieht euch an, wir treffen euren Vater am Platz!«

Meine Ohren hatten angefangen, den Lärm auf der Straße wahrzunehmen. Der melodische Krach einer Blaskapelle dröhnte ins Zimmer. Die lichtdurchlässigen Vierecke der Fenster aus Capiz-Muscheln leuchteten hier und da eine Sekunde auf, gefolgt von seltsamem Krachen und Knistern, und während Jimmy und ich an den Knöpfen unserer Hosen herumfummelten, riss Nanay die Fenster weit auf, und die Nacht, stark nach dem Jasmin des Nachbarn duftend, verwirrte uns noch mehr mit ihren unterschiedlichen Eindrücken: Die Kühle eines späten Oktobers strich über unsere Wangen, doch anderswo in der Luft und im Himmel war es Mai, Karnevalssaison, zu der Essen im Überfluss und rebellisches Herumtoben an der Tagesordnung waren, selbst für Kinder.

Nanay zog sich einen Pulli über und nahm Jimmys Hand, um ihn die Treppe runterzuführen. Ich hoppelte hinterher und ärgerte Jimmy mit der Taschenlampe, die mir anvertraut worden war, um ihnen den Weg zu leuchten.

»Richte die Lampe auf den Weg! Das ist kein Spielzeug«, sagte Nanay streng, und von da an hielt ich die Taschenlampe so starr, wie ich konnte. Es war schließlich doch Oktober, und auf der Straße fiel mir auf, dass etwas anderes nicht stimmte.

»Nanay, warum brauchen wir die Taschenlampe? Was ist mit den Straßenlampen passiert?«

»Die sind tot«, sagte Jimmy. »Siehst du das nicht? Nichts geht.«

Ich wollte Jimmy verhauen, wäre die Situation nicht so gespenstisch gewesen. Die Leute waren auf den Straßen, fast alles Erwachsene in Gruppen von vier oder fünf, die jubelten und pfiffen, während Jeeps wie Käfer, vollgestopft mit Menschen, Waffen und Lautsprechern, an den Leuten vorbeirumpelten. Alle zogen in dieselbe Richtung. Manche Fenster waren geöffnet, und der orangene Schein der Gaslampen schwappte auf den Gehsteig. Selbst in der Dunkelheit waren die Hauswände voll mit Bildern: Poster eines einzigen, freudestrahlenden Kandidaten, die Augen gen Himmel gerichtet, waren von seinen Unterstützern auf andere Plakate geklebt worden, auf denen nur noch Ohren, ein Kinn oder Haarbüschel zu sehen waren, und darüber das Grinsegesicht. MARCOS MARCOS MARCOS. In anderen Vierteln der Stadt waren die Marcos-Poster runtergerissen worden, und weiße Narben durchzogen sein Gesicht, wo der Klebstoff nicht hatte nachgeben wollen. Wir hatten viele Fotos dieses Mannes in unserem Haus, mehr als von uns selber – auf brieftaschengroßen Kalenderblättern, die mit einem sieben Zentimeter großen Herrscher als Bonus aufwarteten; auf weichen, weißen T-Shirts, die bedruckt waren, auf kleinen Buttons, die von großen, stabilen Nadeln gehalten wurden, auf Lesezeichen, Notizheften und einem blauen Regenschirm, ein besonderes Stück für die Allerfrommsten, das meine Mutter beim kleinsten Anzeichen von Regen zur Schau stellte. MARCOS MARCOS MARCOS MARCOS MARCOS!

»Ich hoffe, euer Vater ist da«, sagte sie. »Wie peinlich, wenn nicht.«

»Nanay, warum sind die Lichter aus?«, fragte Jimmy schließlich, und ich grinste verstohlen.

»Das ist ein Stromausfall. Sie müssen den Strom gekappt haben.«

»Wer sind die?«

»Oh, das weiß ich nicht, die Firma, wer auch immer. Hör auf, mit den Schuhen zu schlurfen und lauf richtig.«

Kein einziges Haus hatte Strom, aber vom Platz her strömte Licht, eine Aura, die sich über die Blechdächer des Viertels, durch das wir liefen, ausbreitete. Offensichtlich gab es dort elektrisches Licht und Lärm in Hülle und Fülle, und je eher wir dort hinkämen, desto mehr würden wir sehen und hören. Das Gewimmel der Leute wurde noch größer, als wir am Platz ankamen, und ihre eifrige Fröhlichkeit ließ heitere Stunden erwarten: Jongleure, Polizisten auf Motorrädern, Verkäufer von T-Shirts und Superman-Masken, Feuerschlucker. Überall wurde geschnattert und wurden Erfrischungen angeboten; die Straßen verschwanden unter Mango- und Ananasschalen, den Blättern gekochter Maiskolben und einer Flut aus Marcos-Flyern, Schuhen und Hintern. Über allem hörten wir das trommelartige Pochen eines Generators, und das Gerücht machte die Runde: »Sie haben den Strom abgestellt, damit er nicht auftreten kann!«

»Der Bürgermeister weiß, er wird den Job nicht mehr lange haben nach dieser Nacht, deshalb. Mal sehen, was Ferdie mit ihm macht!«

»Ist er wirklich hier?«

»Das ist er, das ist er, in der roten Jacke!«

»Aber er ist so klein ...«

»Wir sind nur zu weit weg, drängel' dich mal ein bisschen weiter vor, genau so ... nimm deine Hände weg! ... Wir waren schon viel früher hier, das hat man davon, wenn man Platz macht ... oh ja, das ist er, er winkt ... nein, unglaublich, er schüttelt allen die Hände!«

Es wurde gejubelt, die Kapelle spielte auf, und der Gesang, der auf dem ganzen Weg zu hören war, wurde von begeisterten Anhängern wiederholt: »MAR-cos, MAR-cos, MAR-cos ist unser Mann!«

»Heb mich hoch, Nanay, ich will was sehen!«

»Oh, du bist zu groß für mich, Jimmy, schau, ob dein Bruder dich hochnehmen kann ...«

»Noel, Noel ...«

»Da ist nichts ...«

»Da ist euer Vater, Noel! Ich kann ihn sehen, ich bin sicher, das ist er!«

»Wo?«

»Tatay! Heb mich hoch, Noel!«

»Da ... rechts, neben den schwarzen Boxen ...«

»Lautsprecher, das sind Lautsprecher ...«

»Was auch immer die sind, er ist da. Und er ist so nah bei ihnen, als ob ... ja, das ist mein Mann da vorne ... oh, nein, er ist kein Kandidat, er arbeitet nur für sie, aber ein wichtiger Job in der Partei ist es schon. Ohne ihn wäre Marcos nicht hier!«

Köpfe drehten sich in Nanays Richtung und sie errötete in nachträglicher Bescheidenheit. »Ich meine ... er hat den Generator besorgt, und den Jeep, mit dem sie ihn hergebracht haben.« Sie legte ihre Hände auf Jimmys Kopf und meine Schulter. Und ich bin mir sicher, der Senator weiß davon. Ihr wisst, was sie sagen ... der Mann sieht und weiß alles.«

»Ich will was sehen!«

Ich hob Jimmy hoch und wir drei beobachteten meinen Vater, wie er in einer Ecke der Bühne stand, die Füße weit auseinander und die Hände in den Hüften, und in diesem Moment schoss er für mich in die Höhe, mit Flügeln, Schwertern und Heiligenschein.

Marcos hatte seinen Platz im Zentrum des Geschehens eingenommen, während ein anderer Politiker in einem glänzend blauen Anzug das Mikrofon würgte und ungefähr jedes dritte Wort mit Kreischen und Heulen enden ließ. Marcos behielt sein Lächeln bei und winkte lässig in die Menge, mein Vater aber starrte den Mann im blauen Anzug an mit einem Blick, wie ich ihn nur kannte, wenn wir etwas ausgesprochen Dummes anstellten, wie etwa über nassen Zement zu laufen. Der Mann schrie unbeirrt weiter, seine rechte Faust stieß in die Luft: »... wollte nie sicheeeeerrrrrriiiiiiii ... Nie! Als Don Mariano Marcoeeeiiiooowwwgghhh ...«

Mein Vater fiel auf die Knie, meine Mutter umklammerte meine Schulter fester vor Schreck, doch ich konnte sehen, dass er nur an den Knöpfen des Verstärkers herumdrehte. Der Redner blickte zu ihm hinunter, war sichtlich genervt, sprach aber weiter. Seine Worte bauten sich im Himmel zu einer steilen, riesigen und unüberwindbaren Welle auf, und die Menge zuckte zusammen. Ich presste meine Hände an die Ohren, und sogar Marcos runzelte die Stirn. Ein anderer Mann in einem T-Shirt schwang sich nach oben auf die Bühne neben meinen Vater und zog einige Stecker raus, der Lärm hörte sofort auf. Mister Blauer-Anzug hielt das Mikro fest umklammert und tupfte sich die Stirn mit dem Ärmel ab. Eine kleine Gruppe von Politikern und Sicherheitsleuten umringte meinen Vater, der den Techniker zur Eile antrieb.

»Er wird wissen, was zu tun ist«, versicherte Nanay dem *siopao*-Mann, der seinen kleinen Stand mit dampfenden Dumplings neben uns aufgebaut hatte. »Er hat immer die richtigen Leute, die sich mit solchen Geräten auskennen.«

Der Verkäufer schielte zur Bühne und knabberte an seinen Fingernägeln.

»Ich will ein *siopao*, Nanay«, sagte ich, auf einmal hungrig geworden.

»Ich auch«, sagte Jimmy, ich verstand das als Aufforderung, ihn zu Boden zu stoßen.

»Wir warten, bis euer Vater da ist. Ich hab gar kein Geld dabei.«

»Aber er wird noch die ganze Nacht da oben sein, das weißt du …«

»Pssst, macht jetzt keinen Ärger, er ist …«

Gemurmel war aus der Menge zu hören, und ich sah Marcos von seinem Stuhl aufstehen; der Rest der Figuren auf der Bühne tat es ihm nach. Als ich dorthin schaute, wo mein Vater eben noch gewesen war, konnte ich ihn nicht bei den Lautsprechern entdecken; er war von der Security zur Seite gedrängt worden und hatte einen Fuß auf der Seitentreppe, schaute aber weiter zu den Politikern hoch. Er blieb dort für eine Sekunde, tippelte dann schnell herunter und verschwand in der Menge.

»Wo ist er? Kannst du ihn sehen?«

»Es geht weiter, alles gut, sie haben es hingekriegt, glaube ich …« Klopf, klopf, knister, Mic Test, Mic Test, eins, zwei, drei.

»Werden sie Marcos sprechen lassen?«

»Vielleicht, aber werden wir was hören?«

»Oder du was verstehen? Ha Ha Ha! Er spricht bestimmt auf Englisch, und was machst du dann?«

»Sei nicht so ein Angeber, Juanito, du hast es selber nicht mal auf die Highschool geschafft!«

»Aber ich schau Filme auf Englisch, und ich lese Zeitungen …«

»Ja, sicher, die Comicseiten!«

»Das stimmt, Susie, ich schwöre, das ist alles, was er liest …«

»Meine Damen und Herren …«

»Und Sport, ich kann euch alles über Sport erzählen!«

»Meine Damen und Herren, Landsleute und Freunde, treue Kämpfer für die Demokratie, oder sollte ich sagen, für die unausweichliche Rückkehr der Demokratie in unser leidgeprüftes Land, daher also treue Mitleidende unter dieser todgeweihten Regierung, dieser, äh, ja, dieser Diktatur der Liberalen, es ist mir eine ganz besondere Ehre und Freude, euch jemanden vorzustellen …«

»Wer ist das?«

»Nanay, wo ist Tatay?«

»Ich weiß es nicht, aber ich glaube das ist der Gouverneur. Ist der Gouverneur nicht ein Liberaler?«

»War er, aber ist zur anderen Seite gewechselt …«

»Der ist wahrscheinlich grad mit was anderem beschäftigt. Diesen Leuten fällt ständig was Neues ein, aber wenn es irgendein Notfall ist, euer Vater hat schon alles gesehen …«

»… Ein Mann von unbeschreiblichem Genie, vielfältigen Talenten, von grenzenlosem Enthusiasmus, die Kulmination, der Inbegriff, das einmalige Spiegelbild dessen, was wir als Menschheit erreicht haben …«

Der Gouverneur hatte seine Brille aufgesetzt und las mit großer Ernsthaftigkeit von einem Blatt Papier ab. Jimmy hatte sich vom Griff meiner Mutter gelöst, und ich behielt ihn im Auge, während Nanay die Bühne und die Menge nach Tatay absuchte.

»Jimmy, nicht so weit weg …«

»… Ein Boxer, ein Wrestler, ein Debattenkönig in der Uni, Batallionskommandeur im ROTC*, und, alle Gauner aufgepasst, nationaler Champion mit dem Kleinkaliber!« Schnaufen, etwas Applaus, das Rascheln von Papier.

»Im zarten Alter von neunzehn, wenn die meisten jungen Männer gerade mal anfangen, den Wert der Freiheit zu verstehen, wurde unser Gast hier ins Gefängnis geworfen für eine absurde, aber dennoch fürchterliche Anklage wegen Mordes. Sie behaupteten, dass Ferdinand, weil er ein unglaublicher Schütze war, ein eiskalter Mörder wäre! Sie behaupteten, dass er, weil seine Familie in der Politik Ilocos' eine prominente Rolle einnahm, das zum Anlass genommen hätte, einen politischen Rachefeldzug zu unternehmen und einem Kerl namens Nalundsan mitten in der Nacht genau zwischen die Augen zu schießen.« Der Gouverneur blickte von seinem Text auf und sah ehrfürchtig zu seinem Gast. »Ach du meine Güte, liebe Freunde, du meine Güte. Sie kannten nicht das wahre Kaliber von Ferdinand Marcos. Sie steckten ihn ins Gefängnis, kerkerten ihn ein, er aber war ein unermüdlicher und unbeugsamer Student des Rechts, und von seiner Gefängniszelle aus lernte er, besuchte und bestand er die Prüfungen zum Rechtsanwalt mit den besten Noten, die jemals erreicht wurden in der Geschichte der Philippinen! Und der Form halber und um der Wahrheit willen erreichte der Rechtsanwalt Marcos seinen eigenen Freispruch vor dem höchsten Gericht des Landes, dem Supreme Court der Philippinen.«

»Schaut, da ist er, Gott sei dank ist alles in Ordnung!«

Ich blickte dorthin, wo meine Mutter hinzeigte, und sah meinen Vater hinten auf der anderen Seite der Bühne, er klatschte mit den Händen über seinem Kopf. Er sah überhaupt nicht niedergeschlagen aus und winkte seinen Freunden im Rampenlicht zu.

»Ich wünschte, er würde mal herschauen und uns sehen ...«

»Wenn du auf der Bühne stehst, Nanay, ist das ganze Publikum im Dunkeln.« Ich wusste das, weil ich Patrick Henry* bei einem Theaterstück über die Amerikanische Revolution in der Grundschule gespielt hatte.

»... Aber dann kamen der Krieg und die Japaner, und Ferdinand stellte sich einer größeren Verantwortung. Angesichts dieser gewaltsamen Umstände gab Marcos seinen zivilen Beruf auf und wurde Soldat, ein Krieger, ein Kämpfer. Zum Lieutenant im Geheimdienst ernannt, leitete Marcos bald die gefährlichsten Missionen auf dem gesamten Gebiet der Insel Luzon, fuhr mit seinem Oldsmobile den Highway nach Norden rauf und runter in Erfüllung dieser Mission. Trotz oder gerade wegen der bevorstehenden Kapitulation von Bataan führte dieser schneidige Verteidiger unserer Heimat persönlich ein Drei-Mann-Kommando gegen die japanischen Artilleriestellungen, eine Operation, die den Alliierten einige wertvolle Wochen Ruhe verschaffte vor der unausweichlichen Kapitulation. Er wurde von den Japanern gefangen genommen, aber mit seinem Glauben an Gott und an seine eigene Bestimmung überlebte Marcos den Todesmarsch von Bataan nach Capas und entging den gelben Krallen der Invasoren. Meine Freunde, wenn wir die Heldentaten dieses einmaligen Mannes ehrlich und gerecht anerkennen müssten, so würden all die Minen in den Bergen der Philippinen nicht ausreichen, um die Orden für Marcos zu gießen. So ist es nur ein ungefährer Anhaltspunkt für das Ausmaß dieser Leistungen, dass die Alliierten am Ende des Krieges Marcos – nun Major Ferdinand E. Marcos – mit der höchsten Anzahl militärischer Auszeichnungen, die an diesem Kriegsschauplatz vergeben wurden, ehrten – zusammen achtundzwanzig Orden, achtundzwanzig Erinnerungen an seine unzähligen Siege …«

Die Worte des Gouverneurs wurden von plötzlichem Johlen übertönt, ausgelöst durch ein Winken von Marcos in die Menge und den sich sofort anschließenden Sprechchören, die Marcos aufforderten, endlich den ihm gebührenden Platz auf dem Podium einzunehmen. Er sah jung, frisch und fit aus in seiner rotgestreiften Jacke, sein volles, gegeltes Haar schoss nach oben wie eine glänzende Krone. Als Marcos die Finger beider Hände zu einem Doppel-V in die Luft streckte, ließ die Mannschaft hinter der Bühne eine Salve von Raketen und Böllern abfeuern, und als ob sie sich selbst zum Explodieren bringen wollten, stellten sich alle Politiker auf der Bühne neben Marcos auf und rissen ihre Hände in den erleuchteten Nachthimmel. In dieser Sekunde verlor ich Tatay aus den Augen, aber das kümmerte mich nicht; Marcos war unser aller Vater.

# DER SCHWARZE TEICH

Ich kam auf einen Campus, der geprägt war von nassen, grünen Tagen im Juni, vom herben Duft feuchter Blätter, von durch Blitzeinschlag in der Krone zersplitterten Akazien und dem ätzenden Geruch versengten Grases.

So frisch, so sauber – ganz im Gegensatz zum Rest der Stadt, an deren östlichem Rand der Campus lag. Eine lange, breite Allee erstreckte sich bis zum Torbogen des Eingangs, zu beiden Seiten der Allee befanden sich große Rasenflächen und, weiter entfernt, mächtige Bäume. Schon zu Highschool-Zeiten hatte ich diesen Ort manchmal besucht. Und irgendwann in einem Sommer sah ich rotbraune Pferde um ein Gebäude traben, in dem, wie ich später erfuhr, die Akademie für Tierhaltung residierte, auf der rechten Seite der Allee.

In meinem zweiten Studienjahr rannte ich in blinder Panik genau über dieses Gelände, aufgepeitscht vom Gewehrfeuer. Die Universität wurde vom Militär belagert, wir hatten Barrikaden aus Tischen, Bänken und Stühlen errichtet, ganz nah der Stelle, von der aus ich die Schulpferde bewundert hatte. Wir lagerten hinter der provisorischen Mauer, Studenten wie Professoren, hörten den Reden zu und sangen revolutionäre Lieder. Unsere Körper waren kalt, unser Atem warm. Man sprach über Frankreich, China und Vietnam. Auf der anderen Seite standen Marcos' zusammengezogene Legionen: knüppelschwingende Bereitschaftspolizei in Khakiuniform und kobaltblauen Helmen, die Armee in ihrer Arbeitsuniform, mit Jeeps und Schnellfeuerwaffen. Die Emissionäre beider Seiten verhandelten schon den ganzen Morgen lang, Colonels debattierten mit Vizepräsidenten der Uni, während wir die Soldaten beobachteten und Papiergranaten in deren Richtung schleuderten mit solch unmissverständlichen Botschaften wie »HUND«. Ich warf einige von ihnen rüber mit der vollen Überzeugung eines Siebzehnjährigen; wir alle fühlten uns wie Siebzehn.

Genau um fünf Uhr nachmittags gab jemand hinter den Jeeps den Befehl, uns zu vertreiben. Tränengasgranaten explodierten auf unserer Seite, und wir verließen unsere Stellung, liefen vorsichtig und langsam in kleinen Gruppen die Allee hinunter und duckten uns ins Gras, als die Jeeps losrollten und die Möbel zu Kleinholz machten. Die sogenannte Infanterie bewegte sich hinter ihnen wie ein vielbeiniges Insekt, das, plötzlich geweckt, seine Stachel zeigt. Wir stolperten, versammelten uns, liefen auseinander und kamen wieder zusammen. Ich ergriff Ninas Hand nach dem ersten Tränengaseinsatz und ließ sie nicht mehr los, bis wir den Rasen überquert hatten.

Wir versteckten uns in einem Schrank voller Reinigungsmittel im Verwaltungsgebäude, bis das Sirenengeheul aufhörte und die Luft wieder rein war. Wir sagten die ganze Zeit über kein Wort und litten unter dem Gestank und der Feuchtigkeit der Lappen und Feudel. Als wir rausgingen, entdeckten wir Ninas Vater, der wutentbrannt hinter einer Polizeikette am Eingang der Universität stand.

»Das ist meine Tochter«, schrie er einen Corporal an, der unsere Ausweise kontrollierte. »Sie hat mit dieser Sache nichts zu tun, das ist alles nur ein blöder Irrtum!«

Nina ließ zu, dass sie zum Familienauto geschleppt wurde, einem taubenblauen Mercedes, mit dem sie, wenn es spät geworden war, auch immer von der Uni abgeholt wurde.

»Soll ich dich ein Stück mitnehmen?«, fragte sie mich.

Ihr Vater zerrte sie ins Auto und schlug die Tür hinter ihr zu. »Nein, wir fahren jetzt schnell nach Hause, deine Mutter ist in heller Aufregung, und ich habe hier zwei Stunden gewartet. Wo zum Teufel warst du? Was für eine verrückte Idee, die Armee mit Tischen und Stühlen zu bekämpfen. Du wirst nie wieder etwas mit diesem Haufen zu tun haben. Das sag ich dir.«

Das Auto raste davon mit Nina auf dem Rücksitz, sie ließ ihren Kopf hängen. Zwei Wochen später war sie nicht mehr auf der Universität, sondern bei ihrem Cousin in Baguio, um sich an den Gedanken zu gewöhnen, in Boston oder vielleicht auch Löwen weiter zu studieren, wo immer sie nach Meinung ihres Vaters vor der Revolution in Sicherheit war. Ihr Vater besaß eine Papiermühle. Wenn ich Nina geheiratet hätte, wären die Straßen mit meiner Prosa bedeckt gewesen.

Aber jetzt arbeitet Nina als Kundenbetreuerin in dem Familienbetrieb und hat zwei Söhne und eine Tochter von ihrem Noch-Ehemann Sammy. Ich traf Sammy einmal in New York in der Nähe vom Herald Square, sein Gesicht fast verdeckt durch den hohen Kragen eines neuen Trenchcoats. Er stand am Bordstein und schien erstaunt, mich hier zu treffen und dass ich ihn wiedererkannte.

»Hallo, Sammy«, sagte ich, »*kumasta na*, wie geht's?« Er trat mit einem Schuh auf den Bürgersteig und murmelte irgendwas über die Jahre, konnte sich aber nicht erinnern, wieviele inzwischen vergangen waren. Das letzte Mal hatte ich ihn in einem Theater in Makati gesehen, wo gerade *The Music Man* gespielt wurde. Ich liebte solche Broadway-Stücke, aber Sammy langweilte sich. Er flüsterte dauernd etwas zu seiner Begleiterin, einer kleinen Frau mit strahlenden Augen, die den Eindruck machte, sich am liebsten selbst auf der Bühne zu sehen. Sie verließen eilig ihre Plätze, bevor das Licht anging. Irgendwann mal hatte Sammy geschäftlich mit Personalvermittlung, also auch mit Pässen und Reisen zu tun, und dann mal mit einem Restaurant in Singapur, und es machten Gerüchte die Runde, dass er dank seiner Beziehungen zum Zoll sogar im Waffenschmuggel mitmischte.

Es war kaum vorstellbar, dass Nina sich irgendwann oder überhaupt jemals in ihn verliebt hatte, groß und wortgewandt, wie sie war. Nina, die ihre Briefe in altmodischer Schrift mit Schleifen und Schnörkeln schrieb, Nina, die in ihrem Kleid wie eine Porzellanfigur wirkte, wenn sie ruhig dastand: Das tat sie manchmal auch damals, in einer Ecke des Raumes, wo wir die Treffen abhielten, ihre Hände hinterm Rücken verschränkt und einen Fuß vor dem anderen, wie eine vorsichtige Schwimmerin am Beckenrand. Sammy war Jurastudent. Er fuhr auf dem Campus in einem grünen Dodge Torana herum, den wir ab und zu ausliehen, um Presseerklärungen zu verteilen oder Lautsprecher und Mikrophone zu Kundgebungen zu transportieren.

Das muss die Zeit gewesen sein, als Sammy und Nina zusammenkamen, vielleicht an einem Nachmittag in einem der seltenen Momente, wo kaum etwas los war, und sie hat dann vielleicht ihren Kopf an seine Schulter gelehnt, erschöpft wegen ihrer vielen Verpflichtungen, und er hat ihr vielleicht etwas besonders Nettes, Lustiges oder Ausgefallenes gesagt, sowas wie: »Nina, weißt du, ich würde jetzt nichts lieber tun als hoch nach Antipolo zu fahren und dir dann, sobald wir da sind, einen Song von Tony Bennett vorzusingen. Wenn es nur nicht diese ganze Arbeit gäbe, die du auf dich nimmst … für eine gute Sache«, hätte er vielleicht noch hinzugefügt, und sie hätte etwas gequält geantwortet: »Ja, für das Volk«. Und dann hätte er sich eines der Flugblätter vom Rücksitz geangelt, hätte ihr eine mitreißende Passage über absolute Opferbereitschaft vorgelesen, während ihr Mund immer trockener wurde, ihr Körper vor Kälte zu zittern begann, und dann wäre sie vielleicht hochgeschreckt und hätte mit beängstigender Entschiedenheit gerufen: »Fahren wir, fahren wir einfach los!«

Vielleicht war es aber auch ganz anders. Ich habe Nina niemals irgendwas über ihre Ehe mit Sammy gefragt, auch nicht, als Sammy sie, lange nach dem Studium, verlassen hatte, und ich sie zufällig in dieser oder jener Kinolobby traf, wo sie ihre Verletztheit ebenso dezent zeigte wie die gezeichneten Blumenmotive ihrer Designerkleider. Hätte ich gewusst, was Sammy ihr gesagt oder angetan hatte, vielleicht hätte mich dieses Wissen und mein eigenes Unglück dazu ermutigt, meine Chance zu ergreifen, und davon gab es mehrere, die beste an jenem Nachmittag, als mit Waffen bestückte Jeeps uns die Universitätsallee herunter verfolgten und die Luft und den Rasen mit ihren automatischen Gewehren durchlöcherten und ich ihre Hand so festhielt wie nie davor und nie wieder danach.

»Und wie geht's Nina?«, fragte Sammy. Wir saßen an einem runden Tisch in einem teuer aussehenden Restaurant, mit viel weißem Leinen und silberfarben eingravierten Lilien auf den Gläsern. Ich hatte Sammy gefragt, ob er Zeit hätte für ein Bier oder einen Kaffee, und wir gingen schweigend drei Häuserblocks weiter, bis wir einen Laden fanden, der Sammy gefiel. Es war ein Lokal, das Nina gemocht hätte, dachte ich, auch dann noch, als Sammy mich mit bohrendem Blick anstarrte, während ich einen Löffel Zucker in eine skandalös kleine Tasse mit irgendeiner afrikanischen Brühe tauchte.

»Ihr geht's gut«, sagte ich, »sie macht eben das, was sie zu tun hat, und das macht sie gut, ist immer …« Und dann zuckte ich mit den Schultern, weil weder Sammy noch mich interessierte, was ich sagte. »Ich würde sagen, sie hat so ihre Liebhaber«, fügte ich noch hinzu.

Sammy lächelte, als ob das sein schlechtes Gewissen erleichtern würde. Ich war mir sicher, dass Sammy mindestens zehn Leute allein in New York kannte, die ihm genau sagen könnten, was Nina letzten Dienstag zu sich genommen hatte, wenn er diese Information gebraucht hätte. Nein, Sammy wollte mich leiden sehen, achtzehn Jahre, nachdem ich mit Nina in diesem Schrank war.

Achtzehn Jahre. Du denkst, du hast alles hinter dir gelassen – ein Stich hier, etwas Pech da, große schwarze Tücher über all die Gräben gelegt, die von hässlichen Erinnerungen nur so überquellen. Du legst dir eine amüsierte Pose zu, den Kopf leicht geneigt, die Hände lässig in tiefen Hosentaschen, und auf den Lippen eine vorsichtige Entschuldigung. Und dann, in einem schwachen Augenblick, verlierst du deine Selbstsicherheit, einfach alles.

Nur wenige Tage nach Wiedereröffnung der Universität, gleich nach dem Waffenstillstandsvertrag zwischen irgendwelchen Bürokraten und der Polizei, ließ ich alles hinter mir. Aus einem Zimmer, kaum eine Busstunde von Zuhause entfernt, schrieb ich meinem Vater, dass ich jedes Interesse am Studium, am Heiraten und am bürgerlichen Leben allgemein verloren hätte und dass ich mein Leben deshalb nur noch »dem Kampf« widmen wolle.

»Ich weiß, wie schwer dich diese Entscheidung trifft«, schrieb ich und strich sofort das Wort »dich« aus und ersetzte es durch »uns«, obwohl das tatsächlich für mich die einfachste Sache auf der Welt war: Eines Morgens aufzuwachen und mich zu entscheiden, mein Mathestudium für immer aufzugeben, weil weder Sekanten noch Tangenten unseren Arbeitern gerechte Löhne bescherten, weil ich sowieso schlecht mit Zahlen umgehen und nicht mal die Flugbahnen der Wurfgeschosse berechnen konnte, die wir gegen unsere Feinde abfeuern wollten, und weil der grollende Himmel und die ozonbeschwerte Luft auf einen Wandel hindeuteten. »Was schreibst du da?«, fragte mich Estoy. Er war Mitglied einer anderen, höheren Abteilung, hatte die Nacht aber in unserer Wohnung, also im »Headquarter« unserer Sektion verbracht, um mit Benny und Laurie eine Diskussionsrunde über die Widerspruchstheorie und die Einheit der Gegensätze zu leiten. Estoy gehörte zu den »ED's«, im Gegensatz zu Benny, der zu den »OD's« gehörte und zu Laurie, die eine »FD« war: Erziehung, Organisation und Finanzen – die Kernaufgaben unseres revolutionären Lebens. Ich war nur Hilfskraft in der Propagandaabteilung.

»Einen Brief an meinen Vater, ich hör auf mit dem Studium.« Ich wedelte mit dem Blatt Papier. Ich hatte drei Seiten aus meinem Notizbuch rausgerissen, aber bis jetzt nur eine gebraucht.

»Ist das so?« Eine nicht angezündete Zigarette wippte zwischen seinen Lippen. Er zog gerade seine Schuhe an – schwarze Stoff-Sneaker, die er aus einem Haufen am Fuß der Treppe gewühlt hatte. Benny und Laurie schliefen noch, genauso wie vier oder fünf andere Genossen in dem größeren Raum. Sie waren Mitglieder einer Theatergruppe und ihre Requisiten waren überall in der Küche und der Wohnung verteilt: Adlerflügel aus Pappmaché, eine amerikanische Flagge, Holzgewehre, ein Pflug, eine Rolle Stacheldraht, ein Sperrholz-Sarg, verrußte Bambusfackeln, Jongs Gitarre lag auf der Matte neben Jong. Estoy zog einen Stiefel aus dem Haufen hervor, mit zehn Zentimeter hohen Plateau-Absätzen und silbernen Pailletten neben dem Reißverschluss. »Schöne Schuhe, wenn du tanzen willst. Trag sie auf einer Demo, und du bist nach weniger als einer Minute tot, sobald geschossen wird.«

»Sie gehören Romy«, sagte ich. »Er spielt Uncle Sam. Ich glaube, er liebt diese Rolle. Er trägt sie immerzu.«

Estoy stellte den Stiefel neben den anderen und klopfte seine Taschen nach Streichhölzern ab. Eine Schachtel lag neben mir auf dem Küchentisch und ich warf sie ihm rüber. Damit hatte er nicht gerechnet, die Schachtel landete mit einem kleinen Platsch auf dem Boden. Estoy schaute etwas erschrocken, sammelte sie dann auf und zündete mit Schwung seine Zigarette an, sodass er mit dem Streichholz einen Kringel in die Luft malte. Mir fiel ein, warum er sich so erschrocken hatte. Es hätte auch eine PB, eine »Pillenbox«-Granate sein können, die wir aus etwas Schießpulver, Glasscherben, Nägeln und Folie bastelten. Wir pressten das alles so zusammen, dass sie in eine Hand passten, aber schwer genug waren, um sie auf die andere Seite der Front, hinter die Schilder der Bereitschaftspolizei zu werfen, bei denen wiederum Zivilpolizisten eigene PB's mitführten, die sie dann in unsere Reihen schleuderten. Streichholzschachteln waren die meistbenutzten Behälter für diese PB's. Es wäre nicht die erste Explosion dieser kleinen Mistdinger in einem unserer Headquarters gewesen. »Warum? Ich meine, warum schmeißt du hin?«

»Ich seh' keinen Sinn in dem, was die hier unterrichten. Da gibt es im Englischkurs diesen Essay über Bessie die Kuh, hast du je was davon gehört? Bessie ist eine konkrete Kuh, eine einzigartige Kuh, im Gegensatz zu dem universellen Konzept von ›Kreatur‹ oder ›Lebewesen‹, und dazwischen liegt eine ganze Skala von Klassifikationen …« Ich glaubte, ihn damit beeindrucken zu können. Estoy kam nicht so oft in unser Headquarter.

»Klingt interessant. Könnte nützlich sein.« Er suchte nach seiner Jacke, die mit vielen anderen an Nägeln unter der Treppe hing.

Die meisten von uns trugen Jacken, quasi wie eine Uniform. Die beliebteste war die blaue Mao-Jacke (»Aber das ist doch eine Sun-Yat-sen Jacke«, musste ich mir später anhören, sehr viel später) mit geschlossenem, abgeschnittenem Kragen und weiten, tiefen Taschen für Bücher oder PB's. An die war aber schwer ranzukommen, und nur die wenigen, die in China gewesen waren, hatten eine, stets mit der dazu passenden Mütze und ebensolchen Insignien: vorne an der Mütze den roten Stern und ein

Button mit Mao in heroischer Pose oder mit roter Fahne über der Brusttasche. An zweiter Stelle rangierten ausgemusterte US-Armeeuniformen in Übergröße mit Schulterklappen und sogar noch größeren Taschen, in denen man Kameras und anderes Zeug verstecken konnte. Die waren für ein Vermögen an speziellen Ständen in Quiapo zu bekommen, wo sie neben Sägemessern, nachgemachten Feldflaschen, fluoreszierenden, orangefarbenen Overalls, robusten Reifendruckmessgeräten und leeren Munitionskisten lagen – Überreste vom Krieg gegen die Vietnamesen, ungefähr tausend Meilen in südwestlicher Richtung. Stabiler kleiner Krimskrams, den Großhändler für kleines Geld von den amerikanischen Militärbasen in Clark und Olongapo abstauben konnten. Ich hatte auch so eine Jacke, und ich trug sie bei Demonstrationen in der verrückten Vorstellung, ich wäre, wenn es hart auf hart käme, darin einigermaßen sicher, weil die Gegenseite auch Uniformen trug. Gleichzeitig stopfte ich die *Worte des Vorsitzenden*, die Mao-Bibel, in die Brusttasche in der Hoffnung, dass an ihr die Kugeln wie bei einem Amulett abprallen würden, zumal an der dickeren Tagalog-Ausgabe. Der Rest von uns trug doppelseitige Jacken oder Parkas aus Polyester, einfache, robuste Klamotten, die man überall tragen konnte, ob als Streikposten oder im Hörsaal, wo deren Allgegenwärtigkeit die Professoren zu der alarmierenden Erkenntnis brachte, die Eroberung der Universität durch marxistisch-leninistisch-maoistisches Gedankengut sei nicht mehr aufzuhalten. Estoy trug eine gefütterte schwarze Jeansjacke mit einer breiten Gürtelschnalle in der Taille; sie war so einzigartig wie Bessie die Kuh, und wenn er sie anzog, wirkte sein Gesicht irgendwie strenger, energischer, ebenso bereit für die Revolution oder das, was sich hinter seiner Stirn verbarg.

»Denk an die Klassenanalyse und die Klassenwidersprüche. Dabei ist die Fähigkeit zu differenzieren entscheidend, wenn du

Menschen sortieren musst in Feinde oder Freunde, in strategische Verbündete, Zauderer oder Avantgarde.«

In meinen Unterarmen kribbelte es bei seinen letzten Worten: Wir waren die Avantgarde, wir nannten uns selber Avantgarde, wir blickten in die Zukunft, konnten in ihr unseren Platz sehen, Genossen in blauen Jacken, bei jeder erstrebenswerten gesellschaftlichen Aufgabe an der Spitze, ob beim Anlegen von Kompostanlagen oder bei Treffen mit Handelsdelegationen aus befreundeten sozialistischen Ländern, immer fröhlich, mutig und entschlossen. »Sei entschlossen, fürchte kein Opfer, überwinde alle Hindernisse für den Sieg!« »In schwierigen Zeiten dürfen wir nicht aus dem Auge verlieren, was wir schon erreicht haben, müssen in die strahlende Zukunft blicken, dürfen den Mut nicht verlieren!« »Wage zu kämpfen, wage zu siegen!«

»Dann sollten wir darüber im Unterricht sprechen anstatt über irgendeine dämliche Kuh.«

»Selbst Bessie die Kuh ist eine Abstraktion, das solltest du erkennen.« Estoy hatte seine Jacke gefunden und zog sie an. »Du solltest an der Uni bleiben, mitnehmen, was nützlich ist, und es für den Kampf verwenden. Ich sage es nicht gern, aber viele Genossen legen leider keinen Wert auf Bildung …«

»Naja, manche von ihnen sind so arm …«

»Ich spreche nicht von Straßenkehrern oder Schweißern, die haben ihre Arbeit und eine angeborene oder instinktive Begabung, mit der sie auf überraschend unkomplizierte Weise Theorie antizipieren und verstehen. Ich rede über Leute, die auf die Uni gehen und ein progressives Gehabe an den Tag legen, aus schlechtem Gewissen, weil sie aus der Bourgeoisie stammen, aber nichts wirklich studieren, entweder, weil sie zu faul sind und sich ihr Desinteresse an, sagen wir mal, Statistik überträgt auf Details über die *Philippinische Gesellschaft und die Revolution* oder, noch tragischer für uns alle, sie sind die Genossin Bessie und machen alle nur Muuh.« Estoy lachte, während ich über seine Bemerkung rätselte.

»Ich kann nicht weitere drei Jahre an der Uni bleiben, selbst wenn ich's wollte. Hier ist soviel zu tun. Und ich lese, wann immer ich kann. Ich bin nicht dumm. Möchtest du einen Kaffee?« Von der letzten Nacht war noch etwas übrig geblieben. Ich arbeitete in der Küche, schlief auf dem Sofa und war für das Nachfüllen von Kaffee zuständig, nicht nur für mich, sondern auch für alle anderen. Ich hatte mit dem Brief nach Mitternacht begonnen, nachdem Jong seine Gitarre dank Estoys Klopfen aus dem Nebenzimmer zur Seite gelegt hatte.

»Gerne, aber wie spät ist es jetzt, verdammt nochmal?« Ich schaute auf meine japanische Rico-Uhr, die mir meine Mutter zum sechzehnten Geburtstag geschenkt hatte. »Fast neun.« Ich machte den Herd an und und wartete, bis die Platte heiß wurde. Der Drehschalter war lose, und eines Morgens vor ein paar Wochen passierte es, dass ein Eintopf mit Fisch bis zur Unkenntlichkeit verbrannte, da der Knopf zwar augenscheinlich auf »AUS« stand, in Wirklichkeit aber auf »MITTEL« eingeschaltet war. Und es gab natürlich auch Zeiten, in denen wir stundenlang auf das Wasser starrten, bis es endlich kochte.

»Die Leute da oben sollten mal langsam aufstehen.«

»Das glaube ich nicht, jedenfalls nicht so schnell. Sie sollen um 14 Uhr in der christlichen Schule in Camarin auftreten. Bis dahin werden sie sich ausschlafen.«

»Hier wird ja wahnsinnig viel geschlafen.«

Ich wollte antworten, aber Estoy war aufgestanden und stellte sich neben mich. Er öffnete den Küchenschrank und kramte nach irgendetwas.

»Was suchst du?«

»Zucker.«

»Wir haben keinen mehr. Hast du ein bisschen Geld?«

Als er seine Hände aus dem Schrank hervorholte, waren sie überzogen von Staub und Kakerlakenkot. Wir hatten schon lange keine Lebensmittel mehr da drin, wir nutzten ihn als Lager für Gläser mit Textilfarben, Farbpatronen für den Roneo-Drucker, gebrauchte Matritzen und Gummirollen für den Farbauftrag. Ich bewahrte Reis, Sardinen und Kaffee in einem großen Blechbehälter auf, die in einer Ecke der Küche stand und auch als Behelfsstuhl diente. Das alles hätte ich Estoy erzählen können, falls er gefragt hätte. Stattdessen wusch er sich die Hände im Waschbecken und trocknete sie mit einem Handtuch ab. Ich beobachtete ihn die ganze Zeit, während ich den Kaffee heiß werden ließ. Estoy nahm einen Zwei-Peso-Schein aus seinem Portemonnaie und steckte ihn in die Schuhschachtel, die wir für Spenden auf die Küchentheke gestellt hatten.

»Neben dem Taxistand ist ein Laden«, sagte ich, »falls du jetzt Zucker brauchst.«

»Ist schon in Ordnung. Es sollte auch ohne gehen.«

Benny hatte mir vor einiger Zeit erzählt, dass Estoys Vater Colonel bei der Polizei war und dass ihm deswegen etliche Genossen misstrauten, darunter einige aus der höchsten Ebene. Der Colonel war Polizeichef der Provinz Südliches Tagalog. Gelder, vermutlich aus der Schmugglerszene, bescherten ihm einen luxuriösen Lebensstil, die zeitweise Gesellschaft einer taiwanesischen Popsängerin und ebenso Geschäftsanteile an einer Diskothek an der Pasay Road, benannt nach irgendeiner seltenen tropischen Affenart.

Seine Familie lebte in Bel-Air Village, erzählte Benny, und sofort sah ich den Nachbau einer mexikanischen Festung vor mir, in der jeden Morgen Dienstmädchen mit Schürzen koreanische Lacktruhen putzten, während die Dame des Hauses mit ihren Freundinnen die klassischen Handbewegungen, ähnlich wie beim Brustschwimmen, für das Mahjong-Spiel übte vor einer von

Sansó* gemalten, türkisfarbenen Wasserlandschaft. In der landesbesten Universität am anderen Ende der Stadt beschenkte uns ihr guter Sohn Estoy derweil mit honigsüßer Dialektik, und sein Colonel-Vater bearbeitete in seiner Zweitwohnung den Hintern einer schönen *morena* als Ersatz für sein Weibchen im Norden.

»Wohnst du immer noch bei deiner Familie?«, fragte ich ihn.

»Ja«, antwortete er und hielt seinen Zeigefinger in den Dampf, der aus der Kaffeekanne stieg. »Warum sollte ich nicht.«

»Was sagt denn dein Vater dazu?«

»Nichts. Ich sehe ihn kaum, er ist unten im Süden stationiert. Aber ich weiß, was du meinst. Natürlich findet er meine politischen Ansichten falsch, und wir hatten die üblichen Streitereien, er der Zeus, ich Prometheus. Ich bin ein Taugenichts, aber ich soll verdammt sein, wenn ich so werden würde wie er … du hast das bestimmt schon öfter gehört, sag mir, falls ich was vergessen habe.« Er goss Kaffee in die Tassen, die ich neben den Ofen gestellt hatte, und schob eine zu mir hin. »So wie es aussieht, hat er mich noch nie ernstgenommen, und ich bezweifle, dass er das je tun wird. Selbst wenn ich das Examen mit *magna cum laude* abschließen würde, hätte das für ihn keinerlei Bedeutung, wozu soll man sich überhaupt den Kopf zerbrechen? Ich studiere immer noch, weißt du? Aber nur noch zwei Semester.«

Er lehnte sich an die Küchentheke und schien noch tiefer in seine Jacke zu versinken. »Ich werde mit *magna* abschließen, wenn mein Durchschnitt so bleibt. Aber das wird niemanden interessieren, am wenigsten die Genossen, darauf kannst du wetten. Wenigstens mein Vater wird sich damit schmücken, vielleicht. ›Mein Junge ist ein Kommunist, aber sind das nicht alle heutzutage? Wartet ab, bis ich ihn nach Wharton oder London schicke. Da kann er was lernen über das Management einer Disko! Da liegt seine Zukunft!‹ Und unsere lieben Freunde da oben werden sagen: ›Was ist ein magna?‹ Und ich werde sagen: ›Ach, wisst ihr, es macht sich gut als Fänger von Büroklammern.‹« Er kicherte in seine Tasse und stellte sie dann schlagartig auf den Tisch. »Wir müssen zu mehr fähig sein, als nur die Internationale zu singen, bis die Mauern des Malacañan-Palastes* einstürzen … oder die dieser Wohnung, so wie euer Freund gestern Nacht auf die Gitarre eingedroschen hat.«

»Du meinst Jong …«

»Ist das sein Name? Klingt koreanisch.«

»Er ist ein bisschen grob. Er kommt aus Tambakan.«

»Eine gute Gitarre, aber zu laut.«

»Wir sind dran gewöhnt. Wir bringen damit große Botschaften an die Massen.«

Diese Antwort war ziemlich dreist, ich merkte es an der Art, wie er sich wegdrehte. Er blickte prüfend auf den Brief, den ich auf dem Küchentisch liegen gelassen hatte. »›Wir‹ hast du gesagt, oder? Trittst du auch auf? Singst du oder spielst oder was?«

Ich faltete den Brief zusammen und steckte ihn in das Notizbuch. »Ich schreib Sachen … Aufrufe, Presseerklärungen, sowas meistens, aber manchmal helfe ich auch beim Stückeschreiben. Ich bin für Massenkommunikation zuständig … also, ich war.«

»Warum gehst du dann nicht einfach los und sprichst mit deinem Vater? Du solltest das als Übung sehen. Wer weiß, gegen wen du das nächste Mal antrittst? Den amerikanischen Botschafter, Mr. Burbage oder Blueridge, wie auch immer, oder wie wär's mit Senator Tolentino, diesem netten Libertären, der genauso aussieht und klingt wie alle unsere Väter, mit Ausnahme von meinem, der nicht mal wie ein Soldat aussieht? Er trägt gerne diese französischen Golfhemden, die so schimmern wie Fischschuppen …«

»Mein Vater ist nicht das Problem. Und ich bevorzuge das Schreiben. Es macht Dinge klarer, bringt sie mir näher. Aus irgendeinem Grund glaube ich, dass Dinge erst dann wahr werden, wenn man sie aufschreibt.«

»Meine Damen und Herren, wir freuen uns, dass Sie wieder eingeschaltet haben! Hiermit wird Ihnen folgendes bekanntgegeben … Entweder so oder: *diit-diit-didididiit-diit-diit*, ach nein, es muss ja schriftlich sein, oder, und deswegen wird keine dieser Nachrichten irgendwen aufschrecken … Ein zweiundzwanzigjähriger Universitätsstudent, vermutlich einer der theoretischen Köpfe der Kommunistischen Partei der Philippinen, wurde gestern bei einer Razzia von Einheiten des Militärgeheimdienstes verhaftet … Oder vielleicht wurde er auch auf der Flucht erschossen, so heißt es doch meistens? Lieber Herr Evaristo Litonjua, die Philippinische Wohltätigkeitslotterie freut sich, Ihnen mitteilen zu können, dass Sie bei der Großen Weihnachtsziehung den ersten Preis in Höhe von fünf Millionen Pesos gezogen haben, womit sie in die Lage versetzt werden, zehntausend AK-47 über die Tschechoslowakei oder Kambodscha oder vielleicht sogar die Vereinigten Staaten herbeischaffen zu können, sofortige Verschiffung und Lieferung inklusive, ganz nach Ihren Wünschen. Dieser Einkauf garantiert Ihnen fünftausenddreihundertsechsunddreißig Ablassbriefe, die auf Ihre Zeit im Fegefeuer angerechnet werden, das es übrigens, *señorito*, tatsächlich gibt. Das wäre doch, wie die Amerikaner sagen, ein Brüller, ein Knaller. Sonst noch was?«

»Du wirst nie ins Gefängnis kommen. Dein Vater wird dich beschützen.«

»Ja, das wird er tun, klar. Wenn ich es will, wird er es tun, also will ich es nicht. Aber um seine Hilfe abzulehnen, muss ich erstmal dafür sorgen, dass ich verhaftet werde. Das wäre aber ziemlich dumm, weil diese Revolution sich nicht gegen meinen Vater richtet, so attraktiv diese Vorstellung auch ist. Das ist so nervig, so frustrierend. Ich will nicht, dass er das persönlich nimmt, damit er die Ideen erkennt, die dahinter stecken, aber im gleichen Moment denke ich … es ist so wichtig, dass er das erkennt …

Aber das muss dich nicht interessieren … Es ist ein einziges Chaos, ich muss mir da selber erstmal klar werden.«

Das erste Mal, als ich ihn traf, hatte mich Estoy schwer beeindruckt als eine Art Schulmeister, wie Ideologen eben so sind; er redete vom Brumaire und von Blanqui und irgendeinem obskuren sowjetischen Ökonomen, während der Rest von uns sich im bäuerlichen Schlammbad des Denkens eines Mao Tse Tung suhlte. Das hinderte mich aber nicht daran, ihn, als kleiner Fisch, der ich war, anzuhimmeln. Er war ein Veteran, jonglierte mit Argumenten und Redewendungen wie ein Dompteur. Wenn sich eine Gelegenheit dafür ergab, kam Estoy kurz und knapp zum Wesentlichen, erfand einprägsame Slogans für Universitätskampagnen und verblüffte seine Professoren, selbst die, die ihm ohnehin zugetan waren, mit einer überwältigenden Energie, mit der er während komplexer Debatten durch auffallende Gesten seine Ungeduld offenbarte und dann auf Fragen nur mit Ja oder Nein oder, noch ärgerlicher, mit einem unklaren Vielleicht antwortete. Es war gut, ihn zu kennen, jedenfalls auf den zweiten Blick.

Er blickte auf seine Zigarette, die ihm ausgegangen war. Er machte den Herd an, hielt die Zigarette an die Platte, die Spitze glühte auf, als er einen Zug nahm. Er blies Rauchwolken in die Küche und trank seinen Kaffee aus, während ich mit dem Deckel des großen Lebensmittelbehälters kämpfte. Ich wollte fürs Frühstück ein bisschen Reis kochen und dazu eine Dose Sardinen aufmachen, bevor die anderen Leute herunterstolperten. Das entsprang rein praktischen Gründen, wir hatten nämlich nicht genug Teller und aßen in Schichten; diejenigen, die kochten, aßen zuerst, die letzten machten dann den Abwasch.

Irgendwer hatte sich wohl zu heftig auf den Deckel gesetzt, denn der ließ sich jetzt nicht mehr öffnen. Estoy erkannte meine verzweifelten Bemühungen und reichte mir einen Löffel aus dem Spülbecken. Ich drückte den Stiel unter den Deckel und schlug mit der Faust auf die andere Seite. Meine Hand rutschte ab, der Löffel flog in die Luft und schepperte auf den Fußboden. Ich war mir sicher, dass ich ihn verbogen hatte, obwohl er eigentlich sehr stabil war. Wie meine Jacke stammte er aus militärischen Beständen, trug einen AFP-PROPERTY*-Stempel, als Teil einer Notfallausrüstung, gedacht für Mägen, die sich an Dschungel-Sträucher und kaubare Schlingpflanzen gewöhnen müssen. Estoy hob den Löffel auf. Ich schnappte mir den Behälter und schob ihn an die Wand. Estoy stieß den Stiel an derselben Stelle unter den Deckel wie ich, wegen meiner Vorarbeit mit etwas mehr Erfolg. Mit aller Kraft drückte ich den Behälter zu Boden, während Estoy mit dem Löffel hantierte. Der Löffel wackelte heftig in Estoys Hand, der Behälter löste sich aus meiner Umklammerung, das Blut stieg uns schnell von den Füßen ins Gesicht. Estoy entspannte seinen Griff am Löffel, kniete sich mit einem Bein auf den Boden, drückte den Behälter mit dem anderen Bein gegen die Wand, atmete tief durch und presste sein ganzes Körpergewicht gegen den Löffel, und tatsächlich sprang der Deckel auf, zu meiner Überraschung ebenso wie zu seiner, und als ich mich bückte, um den Deckel aufzuheben, trat Estoy verblüfft einen Schritt zurück und brach in heftiges Gelächter aus. Wir klopften uns gegenseitig auf den Rücken und jubelten, bis Laurie die Treppe heruntergelaufen kam.

»Was ist denn hier los?«, fragte sie, und wir zuckten bloß mit den Schultern. Wie nebenbei legte ich den Deckel wieder auf den Behälter, und Estoy zeigte wieder seinen gewohnten Gesichtsausdruck.

»Nichts eigentlich«, sagte er, ohne mit der Wimper zu zucken, »wir haben bloß überlegt, wie wir am besten rauskommen, wenn hier eine Razzia stattfindet. Und ich dachte, wie wundervoll es wäre, wenn ihr euch mit euren Kostümen und eurem schauspielerischen Talent so aufführt, als wärt ihr Teil eines schon vorher eingetroffenen Rollkommandos und alles wäre bloß ein blödes Missverständnis – wie in so einem Chiquito*-Film, mit Bananenschalen, schönen Stürzen und dem ganzen Drum und Dran …«

Ich fing mich schnell, konnte mir meinen Enthusiasmus aber nicht verkneifen: »Und ich schlug vor, dass wir in unserem nächsten Einheitsfront-Wandbild neben dem Arbeiter mit Hammer, dem Bauern mit Sichel und dem NPA*-Soldaten mit hochgehaltener AK-47 einen Studenten mit Brille hinstellen, der aber nicht mit einem Buch, sondern mit einer Banane winkt …«

»Aber nicht einfach ein normaler Student, es sollte schon ein besonders guter sein, mit Hut und Talar …«

Laurie lehnte sich ans Geländer und wickelte sich wieder in die Bettdecke, mit der sie heruntergekommen war. »Gar nicht lustig, finde ich. Wenn es Leute gibt, die noch schlafen wollen.« Sie schlürfte wieder nach oben. Meine gute Laune war nicht vergangen, und ich schnitt eine Grimasse. Estoys Gesichtsausdruck hatte sich weiter verfinstert. Ich dachte schon, er wolle mich auf einen seiner abgründigen Scherze vorbereiten, den ich aber gut verkraftet hätte nach diesem merkwürdigen Morgen. Draußen war es bewölkt, der Herd spendete immer noch Wärme, und wir waren immer noch erschöpft, aber es hätte nur einer kurzen Pause bedurft, mich wieder an meine früheren Sorgen zu erinnern. Doch dann fiel mir wieder das Essen ein.

Estoy strich mit dem Daumen über die Rolle mit künstlichem Stacheldraht, während ich wieder den Behälter öffnete, was diesmal eine einfache Übung war. Wir brauchten die Rolle als Requisit in unseren antifaschistischen Theaterstücken. Sie bestand aus einem Seil, an dem dünne Gardinenhaken befestigt waren. Für die Zuschauer sah das sehr echt aus, sie schnappten regelmäßig nach Luft, wenn Chato in der vorletzten Szene in diesen Draht geschleudert wurde.

»Sie erklären das Kriegsrecht«, sagte Estoy. »Sehr bald.«

Ich hatte von solchen Gerüchten schon gehört. »Das sagt man, ja«, antwortete ich und holte eine Packung Reis aus dem Behälter.

»Das hat mir mein Vater gestern am Telefon gesagt. Er hat dauernd versucht, mich zu erreichen, bis ich nach Hause gekommen bin. Normalerweise glaube ich ihm nicht, aber ... natürlich könnte es wieder falscher Alarm sein, ein Versuch, mir Angst zu machen, mich auf die Probe zu stellen, mich zu benutzen, aber er sagt, er hätte den Befehl bekommen, eine Antiguerilla-Einheit aufzustellen. Sie werden vielleicht nach Manila verlegt.«

Ich schüttete den Reis vorsichtig in den Topf. Ich mochte es, wenn die Reiskörner auf das Aluminium prasselten wie Regentropfen auf ein Blechdach. »Hast du es ihnen gesagt?«

»Ja, aber ich bin mir nicht sicher, ob sie mir glauben. Und ich kann das verstehen, sollte ich jedenfalls. Es würde uns nichts nützen, in Panik zu geraten, oder?«

»Nein, aber was ist dann der Plan?«

»*Krieg, Krieg, Volkskrieg!* Kommt dir das nicht bekannt vor?« Das war ein beliebter Schlachtruf bei den letzten Demonstrationen gewesen. Und ein Genosse an der Spitze des Zuges rief dann aus voller Kehle: »Was ist unsere Antwort auf das Kriegsrecht?«

Krieg, Krieg, Volkskrieg. Dutzende, hunderte, dann tausende Stimmen würden die Parole wiederholen und diese Worte in die Luft schleudern wie Konfetti, um damit die Kampfansage an das Regime von Ferdinand E. Marcos zu feiern.

Krieg, Krieg, Volkskrieg.

»Was willst du tun?«, fragte ich Estoy.

Er zuckte mit den Schultern, machte den Herd an, während ich den Reis im Spülbecken wusch.

»Ich weiß nicht. Ich muss einfach abwarten. Mein Vater will, dass ich in die Staaten gehe, ich habe einen Onkel in Long Beach, einen Cousin irgendwo in Minnesota. Aber das kommt überhaupt nicht in Frage. Ich werde sehen, was kommt, wie jeder andere auch.«

»Gehst du in den Untergrund?«

Estoy sah mich seltsam an und lachte. »Meinst du, ich würde dir das sagen? Ich meine das nicht persönlich, aber sollten wir hier nicht ein bisschen auf Sicherheit achten?«

»Ja, natürlich.« Ich stellte den Topf auf den Herd, etwas Wasser schwappte über und verdampfte sofort.

Sandbar, Sandfar, Sanford. Sanford Wood. Noch unter dem Eindruck dieses Herbstes, dem ersten meines Lebens, machte ich im Sanford Wood mit Estoy einen Spaziergang. Estoy war im Jahr zuvor in die Staaten gekommen, weil er hier ein Doktorandenstipendium in Entwicklungsökonomie erhalten hatte, und ich nahm die erste Gelegenheit wahr, die Konferenz in New York zu verlassen und einen Zug nach Michigan zu nehmen. Ich war noch nie in einem Wald so voller Rot und Gold gewesen, und in den ersten Minuten trat ich extrem vorsichtig auf den bedeckten Boden, als könnte mich ein Aufscheuchen dieser hübschen Blätter ins Gefängnis zurückbringen. Wir ließen uns von dieser für uns neuen Jahreszeit ganz und gar einfangen, beobachteten die Eichhörnchen oben in den Ästen, und als wir an eine Lichtung kamen, die ganz mit wunderschönem, leuchtendem Gelb bedeckt war, überredete ich Estoy, sich dort für einen Schnappschuss in Pose zu stellen, den er seiner Frau Marie nach Hause schicken könnte. Er stand steif vor der Farbenpracht, schimpfte leise über die Kälte, aber sein Lächeln war echt. Auf dem Weg zurück sahen wir, wie fett die Eichhörnchen waren. In Manila, sagte Estoy, würde man sie am Spieß braten, wenn sie so fett wären. Ich sagte ihm, dass es in diesem Land wahrscheinlich ein Gesetz gäbe, das Leute daran hinderte.

Estoy liebte Eichhörnchen mehr als alles andere in Michigan. Er verbrachte viel Zeit im Sanford Wood, um sie zu beobachten und mit den Resten seines Mensa-Essens zu füttern. Aber als Erstes rief er morgens seine Frau in Manila an, wo es schon Abend war. Greg erzählte mir das, ein Filipino, der mit Estoy zusammenwohnte. Greg sagte, Estoy würde so oft mit seiner Frau telefonieren, dass er sie und das Kind für das Geld auch zu sich rüberholen könnte. Greg konnte sich deren Beziehung nicht so richtig erklären. Und Estoy würde ihm überhaupt nicht vertrauen. Der Mann sei undurchschaubar, voller Geheimnisse, von denen nicht einmal ich etwas wusste.

Das nächste Mal, dass ich Estoy sehen würde, war in Manila. In einem dreiteiligen Banker-Anzug sprang er leichtfüßig aus einem Auto in die Lobby des Peninsula Hotel und bedachte jeden Hotelpagen mit einem strahlenden Lächeln, als gehöre ihm alle Zeit der Welt.

Drei Wochen nach Estoys Besuch, während die Zeitungen von Bombendrohungen schrieben, es im Kongress Redeschlachten und auf den Märkten Alarm wegen der steigenden Preise für Reis und Fisch gab, warteten wir in unserer Wohnung immer noch auf die Ausrufung des Kriegsrecht und hörten Jong zu.

*There's a lady who's sure all that glitters is gold and she's buying a stairway to heaven. When she gets there she knows if the stores are all closed with a word she can get what she came for. Ooooh ooooh and she's buying …*

»Hör auf damit«, rief ich oben von der Treppe. Du denkst jetzt wie Estoy, dachte ich mir dabei. Das ist gut, Noel, sehr gut.

Jong hörte auf zu spielen, ließ den Gitarrenhals los, nahm den Korpus in die Hand, in der anderen hielt er das Song-Buch, und stand auf. Er hatte auf dem mittleren Treppenabsatz gespielt, mit Blick auf die Küche und die Hintertür. Diese führte zu einem kleinen Hinterhof mit einer prächtigen Mauer – der Rückseite einer Schuhfabrik –, so hoch, dass man den Himmel nicht sehen konnte. Zwischen der Tür und der Mauer war, in der Dunkelheit kaum zu erkennen, eine dünne Wäscheleine angebracht. Jeans, ein Rock, ein T-Shirt und ein Handtuch hingen daran schlapp herunter.

»Wohin gehst du?«, fragte ich Jong, als ich runterkam, um mir ein Glas Wasser zu holen.

»Nur vor die Tür«, sagte Jong. Er ging nach draußen und ließ die Tür halboffen. An einer Wand des Hinterhofs stand eine Behelfsleiter, über die man zu einem Müllplatz auf der anderen Seite klettern konnte. Jong saß da manchmal auf einer Leitersprosse und spielte, unter der Wäsche. Dieser Platz war eng und unangenehm feucht, aber Jong hatte sich daran gewöhnt, dahin verbannt zu werden, wo er am wenigsten störte und trug das mit Fassung. Vielleicht hatte er für eine Sekunde befürchtet, dass die nasse Wäsche auf die Gitarre tropfen und so deren Holz aufquellen lassen könnte; er bückte sich also vorsichtig, streifte aber mit seiner Wange das Handtuch und schien froh, dass die Wäsche schon trocken war. Es war so dunkel, dass Jong die Songtexte nicht mehr lesen konnte, deshalb spielte er die Akkorde, die er im Kopf hatte, am liebsten die dumpfen Basstöne. *Ooooh ooooh, and she's buying a stairway to heaven.* Diesen Refrain konnte man sich leicht merken und pausenlos wiederholen.

Ich trank Wasser aus dem Wasserhahn und fühlte eine betäubende Leere. Laurie war losgegangen, um Geld zu holen, und wir warteten darauf, dass sie mit einer neuen Packung Reis und mit Radiobatterien zurückkam; ich war mir keineswegs sicher, was von beiden dringender war – klar, das Essen natürlich, aber ich hätte auch gern Nachrichten gehört, über Deutschland, Barbados, den Mond, worüber auch immer, und Musik, eine heimliche Leidenschaft. Die Theatergruppe war in Nueva Ecija; eigentlich wollten wir mit dabei sein, aber unsere Finanzen waren knapp, und Benny hatte entschieden, dass nur die Akteure fahren. Anstelle eines Kassettenrekorders hatten wir Jong, der uns weiter unterhielt.

Wir hätten lieber beim Rekorder bleiben sollen, dann hätte ich die Geräusche des Abends aufgenommen: das Klirren von Glas, das Flüstern des Windes, das Knarren der Scharniere der Hintertür, das Klappern des Roneos. Alles außer Jong. Und dann würden wir versuchen zu schlafen, ich auf dem Sofa, Benny und Laurie in dem großen Zimmer oben, und dann würde ich Nina bei der Hand nehmen und durch die Dunkelheit führen.

»Der Song ist gut«, sagte Benny, als ich wieder zu ihm hoch kam. Ich behielt die Straße vor unserer Wohnung im Blick. Nichts rührte sich. Die Straße war eigentlich nur ein Feldweg, aufgeschüttet und planiert zwischen den Reisfeldern am Rand der Stadt. Irgendein Bauunternehmer hatte sie anlegen lassen und dann vergessen. Jetzt lag sie da, voller Schlaglöcher und Spurrillen, befahren nur noch von den Transportern der Schuhfabrik und manchmal von Dreiradtaxis, die uns für ein halbes Vermögen herfuhren. Es war eine lange Strecke von der Autobahn und der nächsten Jeepney-Haltestelle. Ich war diesen Weg oft zu Fuß gegangen, seitdem ich von zu Hause weg und, zumindest zeitweise, ins HQ eingezogen war. Als ich den Weg zum ersten Mal lief, taten mir die Füße weh wegen der steinigen, unebenen Erde unter meinen Ledersohlen. Das war jetzt bald einen Monat her. Ich war zur Bank gegangen und hatte meine Ersparnisse abgehoben, wobei ich mich, zur Tarnung oder warum auch immer, wie ein vorbildlicher Bürger gekleidet hatte. Die Schuhe hatte ich seitdem nie wieder angezogen; trotzdem standen sie immer frisch gewienert im Schrank in einem anderen Zimmer, bereit für ungeahnte Gelegenheiten in der Zukunft. Mein Vater hatte darauf bestanden, mir zum achtzehnten Geburtstag ein Paar Oxford-Schuhe zu kaufen. Am Anfang hatte ich mich dagegen gewehrt, fand sie nutzlos für das Leben, das ich führen wollte, aber jetzt erfüllte ihr Ledergeruch den Schrank, und ich merkte voller Erstaunen, wie sehr mich der Anblick dieser Schuhe freute, allerdings nur der Anblick, denn neu, wie sie waren, waren sie eben auch unbequem.

»Ja, ein guter Song«, stimmte ich ihm zu, »aber man kann nicht dazu tanzen.«

»Hm.« Benny war fertig mit seinem Revolver, legte ihn vor sich hin auf ein ausgebreitetes Handtuch. Dann nahm er sich die Patronen vor, vier an der Zahl, polierte sie vorsichtig mit einem Taschentuch und stellte sie dann neben der Waffe senkrecht auf. Bei der kleinsten Erschütterung purzelten sie aufs Handtuch und Benny begann von Vorne.

»Was bringt das?«, fragte ich.

»Sie sind wie kleine Raketen. Ich mache sie für den Start bereit.«

»Ich meine, warum polierst du sie? Wofür soll das gut sein?«

Auf dem Weg funkelte irgendwas. Als ich mich Benny zuwandte, hatte ich mein Gesicht aus dem Lichtschein genommen, und jetzt warf irgendein Gegenstand, vielleicht eine Konservendose oder eine frische Geldmünze, das schwache Licht unserer orangefarbenen Glühbirne weiß blinkend zurück. Eine Münze kann es nicht sein, dachte ich. Auf dem ungepflegten Boden da draußen war nichts von Wert zu finden. Da war der Weg, dahinter eine Fläche voller Müll und vertrocknetem Gras. Weiter weg gab es einen großen Teich mit schwarzem, stinkendem Wasser, das manchmal durch Regen aufgefüllt wurde und durch einen unterirdischen Kanal, der direkt, so dachte ich mir das, zur Schuhfabrik führte. Es war nur ein paar Tage her, dass ich zu diesem Teich gegangen war, nachdem ich von dem Gerücht gehört hatte, dass die Japaner bei ihrem Rückzug Schätze in solchen Löchern versteckt hätten. Aber das einzige, was ich in dieser Schweineblutbrühe entdeckte, waren Plastiktüten, ausgebleicht und verschrumpelt wie verblühte Lilien. Hinter dem Teich erstreckten sich Reisfelder in strahlendem und schimmerndem Grün, eingerahmt von Bergen in großer Entfernung, deren Gipfel sich in blauem Dunst zeigten. Dann fiel mir ein, dass ich vor einigen Stunden, als wir uns die letzte Zigarette angesteckt hatten, die Silberfolie der Marlboro-Packung zu einer Kugel geformt und aus dem Fenster geworfen hatte.

»Ich weiß es auch nicht«, sagte Benny, »vielleicht werden sie dadurch schneller.«

»Je dreckiger und rauer eine Kugel ist, desto besser. Das ist meine Meinung. Dann reißt sie dich wirklich auseinander, und wenn sie dich nicht tötet, werden es die Keime tun.«

»Wie gut, dass Kugeln keine Meinung haben, oder? Sie warten nicht ab, denken nicht an dies oder das, sondern machen einfach das, was sie tun sollen.« Benny blieb für einen Moment still. »Ich wünschte mir, dass ich das Ding mal abfeuern könnte, wenigstens einmal, bevor es wirklich gebraucht wird. Das Ding sieht okay aus, aber ich habe keine Ahnung, ob es funktioniert.«

Der Revolver war eine alte 38er, die noch aus dem Krieg stammte, vielleicht auch eine billige Kopie aus der Waffenschmiede in Danao. Jong war eines Tages mit der Pistole, eingewickelt in Papier, aufgetaucht und behauptete, er hätte sie am Straßenrand im Slum, wo er lebte, gefunden. Benny und ich hielten das für absurd und warfen ihm vor, dass er uns damit nur Probleme ins Haus brächte. Er zuckte mit den Schultern und schlug vor, die Waffe im Teich zu versenken, und er hätte das auch getan, wenn nicht Laurie den Revolver als Geschenk des Himmels bezeichnet, ihn mit nach oben genommen und auf dem Bücherregal deponiert hätte. Wir starrten einige Tage auf das klobige Ding, und dann brachte uns Jong einen weiteren »Fund«, nämlich vier Patronen, die, wie Jong behauptete, das Geschenk eines befreundeten ehemaligen Polizisten wären, den er zufällig am Hafen getroffen hätte. Benny steckte die Patronen in die 38er, und von da an kümmerte er sich um den Revolver ebenso liebevoll wie um seine Pinsel. Er hatte bei einem ROTC-Training mal einen M-1 Karabiner auseinandergenommen, wie er sagte, aber das war eine ganz andere Sache. Ich selber hatte noch nie was mit Waffen zu tun; ich war um das Training herumgekommen, indem ich auf meine Plattfüße hingewiesen hatte.

Bennie entsicherte die Waffe und zielte auf die Glühlampe. »Entweder sie funktioniert oder nicht, so einfach ist das.«

»Mach damit bloß keine Spielchen«, sagte ich.

Er schien irgendwas antworten zu wollen, überlegte dann kurz, wickelte die Waffe ins Handtuch und legte sie zur Seite.

*Ooooh makes me wonder, ooooh makes me wonder!* Jong hörte man immer noch, aber leise.

»Die Haustür …«

»Ist verschlossen«, sagte Benny.

Er streckte sich auf seiner Matte aus, das Handtuch neben seinem Kopf. »Du solltest dich wegen Jong ein bisschen entspannen. Er tut, was man ihm sagt. Und selbst dann, wenn er es nicht tut, ist es nicht immer seine Schuld. Als Genosse, meine ich.«

»Ich glaube nicht, dass er unsere Kritik ernst nimmt. Er übernimmt keine Verantwortung, er zeigt keine Initiative, man muss die ganze Zeit auf ihn aufpassen. Und mit ihm über den ›Kampf gegen den Liberalismus‹ zu diskutieren, ist von Vornherein sinnlos.«

»Noel, der Junge, wie alt ist er, fünfzehn, vielleicht sechzehn? Er hat nie eine höhere Schule besucht, er war schon zweimal im Gefängnis, ein Wunder, dass er überhaupt liest …«

»Aber er begreift nicht, was er liest. Hör ihm zu, einfach nur zuhören, und dann sag mir, ob er weiß, um was es in dem Song geht.«

»Wer weiß das schon, ich jedenfalls nicht.« Benny stützte sich auf seine Ellbogen und fummelte zwischen Büchern, Zeitungen und in seiner Jacke nach Zigaretten, ohne Erfolg.

»Ja, wer schon? Du und ich und die Gruppe, wir haben uns bestimmt zwölfmal in diesem Jahr mit dem *Närrischen alten Mann, der die Berge versetzte** beschäftigt, und bis heute kapiere ich nicht, wie und warum die Schufterei dieses armen Kerls ausgerechnet von Engeln übernommen werden soll. Warum von Engeln? Sollen wir an Engel glauben, an Wunder? Natürlich weiß ich, dass das symbolisch gemeint ist, aber ich finde das als Symbol völlig unpassend. Ich hab das schon mal angesprochen, erinnerst du dich?«

»Ja, ich erinnere mich«, sagte Benny. »Und Jong hat mich danach gefragt, ob mit den Engeln wir gemeint wären.«

»Und was hast du gesagt?«

»Ich habe gelacht und gesagt, nein, wir sind jetzt diejenigen, die versuchen, die Berge zu versetzen.«

»Clever, aber unscharf. Du hättest mehr auf den metaphysischen Hintergrund eingehen müssen.«

»Und das ärgert dich jetzt, ha?«

»Wir müssen einen festen Standpunkt haben, Benny. Wir müssen an alles denken.«

»Ich denke gerade an die Vordertür.«

»Ich dachte, du hättest gesagt …«

»Alles in Ordnung, sie ist abgeschlossen. Aber ich überlege die ganze Zeit, warum wir sie eigentlich abschließen. Wir müssen sie sowieso wieder aufmachen, wenn Laurie zurückkommt. Und wenn es nicht Laurie ist, was sollen wir machen, wenn sie hinter uns her sind?«

»Da ist die Hintertür und die Leiter. Wir könnten über die Mauer abhauen. Jedenfalls sollten wir es versuchen.«

»Was ich eigentlich wissen will … meinst du, ich sollte dieses Ding hier benutzen?«

»Und was soll ich deiner Meinung nach darauf antworten? Das ist dein Ding, tu, was du tun musst.«

»Das hilft mir überhaupt nicht, Noel. Du weißt genau, was passieren wird. Sobald sie schießen, schieße ich zurück, und sie haben mehr als vier Patronen, um ihren Job zu erledigen.«

Ich antwortete nicht und lehnte meinen Kopf gegen das Fenstergitter.

»Es ist so eine Verschwendung, Dinge zu besitzen und sie dann nicht zu nutzen«, sagte Benny nach einer Weile. »Aber ich hatte gehofft … nicht hier und nicht jetzt … aber es ist so eine Verschwendung …«

»Du wirst schon einige von ihnen erwischen mit deinen flotten kleinen Raketen …«

»… Verschwendung von Zeit. Ich meine die Zeit, die wir für andere sinnvolle Sachen nutzen könnten, nicht nur für uns, verstehst du?«

Ich drehte mich vom Fenster weg und fand einen Platz auf dem Boden gegenüber von Benny mit Blick auf die Zimmertür. Benny hatte noch einen Zigarettenstummel in der Sardinenbüchse gefunden, die als Aschenbecher diente. Der Stummel hatte eine Länge von knapp zwei Zentimetern über dem vollgesogenen Filter, und Benny versuchte verzweifelt, ihn an seinem verkohlten Ende anzuzünden. Er hatte schmale Hände mit dünnen Fingern, perfekt für feine kleine Gegenstände. Bennys Finger waren prädestiniert für Zeichenstifte und Präzisionsmesser, mehr als für alles andere. Er hatte sein Kunststudium aufgegeben zugunsten einer praktischen Ausbildung innerhalb der Kulturrevolution. Er entwarf Plakate, machte Siebdrucke, malte Transparente, fotografierte, stellte mit Hammer und Nagel kleine Mao-Buttons aus Kronkorken her. Er hatte einen sanften, trotzdem festen Griff und beeindruckte die Genossen mit seinen schwungvollen, weit ausholenden Bewegungen, mit denen er am hektischen Vorabend einer größeren Massenaktion ein M, ein A, ein K und ein I in Hellgelb auf roten Stoff fabrizierte. Die Buchstaben zeigten sich in aggressiver Schräglage wie kampfbereite Flammen. »Wage zu kämpfen, wage zu siegen! Kunst und Kultur den Massen!«

Benny war stolz auf seine Arbeit, sie war zielgerichtet und machte zugleich Spaß. Das einzige Mal, so erzählte Benny, wo er sich einem Auftrag widersetzt hatte, war, als er zu Delfin Lavares etwas zeichnen sollte. Delfin Lavares war ein Highschool-Anfänger gewesen, dem bei einem Protestmarsch vor etwa anderthalb Jahren eine Bombe den Kopf zerfetzt hatte. Benny malte gerade Plakate mit Aufschriften wie »Delfin, wir vergessen dich nie«, zeichnete mit einem chinesischen Pinsel offenliegende Gehirnfalten nach, als er zu zittern anfing, weil ihn das Gefühl überkam, er sei selber auch so ein Bombenleger, bloß in schräger Verkleidung.

Seitdem war er weniger künstlerisch, sondern mehr in der Organisation unterwegs, gründete in nahegelegenen Highschools Diskussionsgruppen zu Themen wie »Nationale Massenkultur auf wissenschaftlicher Basis«. Bevor er Teil der Bewegung wurde, hatte er halbtags hinter der Bühne für ein Amateurtheater gearbeitet, das hauptsächlich englische Stücke spielte, dort wurde er zu einem zuverlässigen Organisator von allem, was Gastspiele, Zeitpläne oder Requisiten anging. Er war dann auch ein großartiger Anwerber, pickte sich aus der Menge immer die schlauesten und motiviertesten Leute heraus und brachte sie dann unter die Fittiche unserer Organisation. Die geistige Avantgarde nannten wir uns, die Speerspitze einer neuen Kultur. Benny und Estoy waren gleich alt, und sie sagten es selber nie, aber wir anderen waren der Meinung, dass ihr »Bewusstseinsstand« – die offenbar unbegrenzte Fülle all unserer politischen Überzeugungen – beide für verantwortliche Positionen in der verborgenen Hierarchie der Revolution befähigte. Benny konnte sich längst nicht so gut artikulieren wie Estoy, und sein Auftreten war weitaus lässiger.

Er hatte nie Autofahren gelernt, und wenn etwas schief ging, regte er sich nicht so wahnsinnig auf. Die Revolution, sagte er, ist ein Projekt für mindestens zwei Jahrzehnte; jeder Tag war wichtig, aber es war keine Tragödie, wenn uns mal ein Banner abhanden kam oder an einem Abend eine Szene der Aufführung in die Hose ging. Die Revolution hatte eine unglaubliche Kraft, sich selbst zu erneuern. Wir würden dazulernen und weitermachen.

Wir hatten die Wohnung bekommen, weil wir behaupteten, Cousins zu sein, obwohl ich hellhäutig war, Benny eher braun und Jong so schwarz wie ein maurischer Geist. Es war eine überflüssige Lüge. Die Wohnung war so mies gebaut und so schlecht gelegen, dass der Vermieter echt überrascht war, dass drei junge Männer und eine Frau sich dafür interessierten. Unser Wohnheim, sagten wir, sei niedergebrannt nach einem dieser Feuer, die immer wieder die ärmeren Viertel unserer Stadt heimsuchten, und wir seien uns einig, dass diese Wohnung die beste Lösung für uns wäre. Ja, tatsächlich, echote der Vermieter, die Wohnung für diesen Preis ist ein echtes Schnäppchen. Was er uns nicht sagte – Wasser gab es nur zwei Stunden am Abend, die Fabrik nutzte die Müllkippe jeden Tag, das Dach leckte bei jedem Unwetter durch, und die Hauptstraße war fünfzehn Gehminuten entfernt, es sei denn, man hatte ein Auto, für das es aber keine Garage gab. Das mussten wir dann alles selber erfahren, besonders die Löcher im Dach. Wir hatten nicht so früh mit Regen gerechnet, aber das Furnier an der Decke über dem kleinen Raum, in dem ich schlief, wölbte sich und war voller Wasserflecken, und auf dem Boden direkt darunter war ein großer weißer Fleck zu sehen, der sich vom Bohnern oder Scheuern nicht im geringsten beeindrucken ließ.

Bei uns auf den Philippinen werden die Fussböden immer noch gebohnert, dazu nimmt man eine reife Kokosnuss, braun und dick, in der Mitte durchgesägt. Das Fleisch wird entfernt, die Schale und die äußeren Fasern getrocknet und der Fruchtansatz oben an der Halbkugel wird abgeschlagen, um dem Fuß Halt zu geben. So entsteht eine kratzige Schale, die dann umgedreht wird und flach, mit der offenen Seite nach unten, auf dem Fußboden liegt, der vorher mit Wachs eingerieben wird. Dann stellt man den einen Fuß fest oben drauf, schiebt ihn dann nach vorne und wieder zurück, während der andere Fuß die Bewegung irgendwie hüpfend, hin und zurück, begleitet, bis die Maserung der Holzdielen durch das Wachs hindurch scheint. Dann nimmt man einen Besen, um den Staub wegzufegen und die Ritzen zwischen den Dielen zu säubern. Man bearbeitet den Boden so von der hintersten Ecke eines Zimmers bis zur Tür, und wenn man dann zurückschaut – und das Licht den Boden aus einem bestimmten Winkel erhellt –, kann man ein Band aus lauter schönen Mondsicheln erkennen, entstanden durch diese Art des Bohnerns.

Trotz ihrer Baufälligkeit war die Wohnung ein Schutzraum in einer Zeit, als andere Headquarters vom Militär nach Belieben durchsucht wurden. Gegenüber stand die Schuhfabrik, nur die Lieferwagen fuhren bei uns vorbei. Alle fanden es sehr schön ruhig hier, und nur, wenn die Theatergruppe da war, vibrierte das Haus vor Aktivität. Wir fühlten uns ziemlich wohl; wir kannten uns gut, hatten gemeinsame Hoffnungen und Ideale, wollten alle den US-Imperialimus, den Feudalismus und den bürokratischen Kapitalismus bekämpfen, die Triade, so hieß es, unseres nationalen Elends.

Hin und wieder kamen Besucher vorbei, und wer weiß, wieviele von denen Regierungsspitzel waren, die unsere Wohnung – genauer, unsere Schränke – heimlich nach Waffen oder Mitgliedsausweisen der Kommunistischen Partei absuchten, die wir alle, wenn man den Zeitungen glaubte, immer bei uns trugen, die aber nach meinem Wissen kein einziger von uns jemals zu

Gesicht bekommen hatte. Es gab hochrangigere Genossen wie Estoy, über die es wahrscheinlich zentimeterdicke Dossiers bei der Geheimpolizei gab (in Estoys Fall auch noch eine Kopie davon im Schreibtisch seines Vaters). Die kamen auch mal zu Besuch, einfach, um zu sehen, wie es uns ging, wie die Stimmung bei uns war und wieviel Glauben und Kraft wir für den Dienst am Volk noch in uns trugen, ganz abgesehen von unserer ideologischen Standfestigkeit.

Und dann gab es noch Jong, mit dem ich mich merkwürdigerweise insgeheim unwohl fühlte, so ähnlich waren wir uns in vielen Dingen, und doch so verschieden. Ich hatte nie Zweifel an seiner Energie – sein Leben als Müllsammler in den Slums von Tambakan war dafür ein deutlicher Beweis –, aber seine Offenheit beunruhigte mich, ja, seine Naivität, ähnlich der von Laurie, die aber immerhin begriffen hatte, wie riskant das alles war, was sie tat. Ich glaubte, dass Jong dringend etwas brauchte, eine Art Schulung, die ihn von seiner Unbekümmertheit heilen würde.

Die Schwester des Vermieters, eine fünfzigjährige Witwe namens Mrs. Bernos, wohnte allein hinter der ersten Tür. Ein frischverheiratetes Paar wohnte, als wir einzogen, hinter der zweiten Tür, zog aber bald aus, als der Mann einen Job in Guam bekam. Jong schloss mit Mrs. Bernos schnell Freundschaft, über die wir kaum mehr wussten als das, was Jong uns erzählte. Ihr Mann war Lehrer gewesen und hatte wohl irgendwann Australien besucht, deshalb war die Wohnung der alten Lady voller australischer Kuriositäten: Känguru- und Koala-Puppen, Boomerangs, eine Aborigine-Maske, Wimpel aus Städten wie Perth oder Adelaide. Ich hatte das alles selber gesehen, als ich einmal Laurie begleitete, um unsere Miete zu bezahlen. Mrs. Bernos wollte, dass wir zum Kaffee blieben, und ich hätte gern einen der Boomerangs ausprobiert, mich dann aber zurückgehalten, weil ich dachte, je weniger sie über uns wüsste, desto besser. Einige Zeit später, ich kam gerade von der Post zurück, war ich richtig schockiert, als ich Mrs. Bernos in unserem Wohnzimmer entdeckte – sie saß auf dem einzigen Möbelstück, das es dort gab, nämlich dem Sofa, auf dem ich immer geschlafen hatte, bis Jong das Erdgeschoss in Beschlag nahm. Sie trank unseren Kaffee aus einer Tasse, die Jong ihr hingestellt hatte, und starrte auf kleine Poster, die Jong aus seinen Songbüchern herausgetrennt und an die Wand gepinnt hatte: Led Zeppelin, Creedence Clearwater Revival, The Carpenters. Ich war zuerst dagegen gewesen in Anbetracht unserer politischen Mission, aber Benny hatte sich auf Jongs Seite geschlagen aus der Überlegung heraus, dass unsere Wohnung damit nicht mehr wie ein HQ aussehen würde, eine gute Tarnung also.

Tatsächlich entfernten wir bald alles aus dem Erdgeschoss, was irgendwie politisch aussah. Revolutionäre Literatur, Dekor, Flugblätter, Propagandamaterial – wir schleppten alles nach oben oder hinter die Hintertür, außer Sicht also, und an ihre Stelle kamen Ausstellungsstücke eines anderen Lebens: alte Ausgaben von TIME, Good Housekeeping, Liwayway, Darna Komiks und The Philippines Herald, ein Scrabble-Spiel ohne den Buchstaben W, ein Dunlop-Tennisschläger mit abgenutzten Saiten, das Foto einer Jesus-Statue auf einem Prozessionswagen inmitten einer Schar von Betenden. Laurie nähte Gardinen aus Tragetaschen, die gelbe Gänseblümchen auf einem blauem Baumwollfeld zeigten, und Jong hatte seine Poster.

»Es ist erstaunlich, wie ihr das schafft«, sagte Mrs. Bernos mit der Kaffeetasse in der Hand zu Jong. »Ich vermute, dass ihr nicht gerade im Geld schwimmt, aber zu Viert kann man natürlich bei vielen Dingen sparen. Als Max in Australien war, lebte er mit zwei anderen Filipinos in einem Raum. Er kam mit seinem Stipendium aus und konnte sogar noch was sparen, um mir Geschenke zu schicken. Alles, was man braucht, ist ein klares Ziel. Man will was lernen, seinen Abschluss machen, dann einen guten Job finden und dann, wer weiß, wann es das Schicksal erlaubt, ins Ausland gehen.«

»Ich war schon im Ausland«, sagte Jong und griff plötzlich zu seiner Gitarre. »Oh, das hast du mir noch nie erzählt. Wo?« Mrs. Bernos stellte ihre Tasse ab. Ich ging hinüber in die Küche, blieb aber am Tisch stehen, um zu hören, was Jong antwortete.

»In Venezuela.« Jong spielte einen Riff mit stark übertriebenem Schwung.

»Venezuela?«

»Venezuela, Bulacan!« Jong lachte über seinen eigenen Scherz und Mrs. Bernos schlug ihm leicht gegen den Kopf. Valenzuela, dachte ich bei mir; das war ein Stop für ein Frühstück im Morgengrauen auf der Fahrt nach Baguio. Ich überlegte, woher Jong wohl einen Ort mit dem Namen Venezuela kannte. *Matilda, Matilda, Matilda, she take me money and run Venezuela* – so ging doch der Song? Sie haut ab nach Venezuela und tanzt Walzer in Australien. Wie klein die Welt war, wenn man darüber nachdachte.

Ich stand am Fenster und beobachtete die Straße. Ein Dreirad knatterte und keuchte und keuchte noch mehr, als es sich durch die Schlaglöcher des Feldwegs kämpfte. »Ich glaube, Laurie kommt«, sagte ich.

Benny stand auf und legte die Pistole in den Schrank.

Ich wollte ihn ein bisschen auf den Arm nehmen und sagte: »An deiner Stelle würde ich die Pistole nicht so schnell weglegen. Was, wenn es eine Razzia gibt?«

»Sei nicht blöd. Sie machen keine Razzia mit einem Dreirad.«

»Aber vielleicht ist ihr Budget gekürzt worden?«

»Versuchs gerne nochmal. Ich gehe jetzt raus zu ihr. Sie hat wahrscheinlich was eingekauft.«

Benny verließ den Raum, ich schaute nach dem Dreirad. Der Motor heulte auf. Aus unserem Flur fiel Licht auf die Straße und

Bennys Schatten lief wie ein Gespenst durch den hellen Schein. Das Dreirad brauste los, ich konnte nur noch sein Plastikdach erkennen, stellte mir aber vor, dass Laurie den Fahrer anschrie, er solle anhalten, oder ihm kräftig auf den Arm schlug.

Benny stand in der Tür und sah dem Dreirad nach, bis es hinter der Fabrik verschwunden war. Er sah kurz zu mir hoch, lief dann wieder rein und schloss die Tür. Als er schnell die Treppe hochlief, kam Jong ihm beunruhigt hinterher. »Sie ist nicht gekommen«, sagte Benny.

»Vielleicht später«, meinte ich. »Es ist noch nicht Mitternacht. Es gibt Busse bis ein Uhr.«

Benny lehnte sich mit den Händen auf dem Rücken an die Tür und dachte nach. Jong ging in das andere Zimmer und hing die Gitarre an ihren Haken an der Wand.

»Ich geh runter und schließ die Tür ab«, sagte Jong zu uns. »Wenn Laurie kommt, mach ich ihr auf.«

Benny sah mich an. »Weißt du noch, mit wem sie sich heute treffen wollte?«

»Nein.« Von einigen wenigen Namen abgesehen – Freunde, Sympathisanten –, hielt Laurie die Liste unserer Finanziers geheim, nur die leitenden Genossen wussten davon. Auf der einen Seite war das aus Sicherheitsgründen vernünftig, auf der anderen tappten wir so dauernd im Dunkeln. »Vielleicht ist sie nach Hause gegangen, um ein paar Sachen zu holen.« Laurie hatte eine Tante, die in San Mateo als Näherin arbeitete. Dort hatte sie gewohnt, bis wir unsere Wohnung gefunden hatten. Ihre Tante war erleichtert, als Laurie zu uns zog. Im Unterschied zu uns hatte Laurie schon ihren College-Abschluss gemacht, und die Tante hatte wohl von ihr erwartet, dass sie sich nützlich machen würde.

»Das ist eher unwahrscheinlich, sie ist dort seit Ewigkeiten nicht mehr gewesen.«

»Gerade deswegen könnte es aber sein. Wir gehen doch alle irgendwann mal nach Hause.« Ich selber versuchte einmal in der Woche nach Hause zu fahren, um Neuigkeiten zu erfahren und die Küche in Beschlag zu nehmen.

»Ich hatte eigentlich gedacht, dass das hier unser Zuhause ist«, sagte Benny. Seine Eltern lebten in der Region Bicol – auf Catanduanes oder in Sorsogon. Sie hatten eine kleine Farm mit einer Hinterhofwerkstatt, in der sie aus Hanf Taschen, Fußmatten und Untersetzer herstellten.

Wir schlichen in unsere Ecken und warteten. Benny blieb im großen Zimmer, Jong passte unten auf. Ich legte im kleinen Zimmer meine Matte neben den Hektographierer, machte das Licht aus und versuchte einzuschlafen. Ich legte mich flach auf den Rücken und schloss die Augen. Ich drehte mich auf den Bauch und öffnete die Augen. Ich dehnte mich und gähnte, um meine Muskeln zu entspannen. Als ich aufblickte, kam mir der Roneo so riesig wie ein Berg vor, in dessen Schatten ich mich versteckte. Ich fühlte mich sicher, solange sich nichts bewegte. Wieder schloss ich die Augen und stellte mir vor, was jetzt wohl alles in der Stadt passierte: Meine Eltern schliefen, Gruppen diskutierten, *peryodikit**-Teams besprühten die Wände mit revolutionären Parolen, die Nachtclubs am Roxas-Boulevard liefen sich warm, Raubüberfälle, Vergewaltigungen, Marcos in seinem Palast, Jumbojets düsten ab Richtung Rom oder Los Angeles, Leute vom Geheimdienst stiegen in ihre Autos mit Zetteln, auf denen Namen, Tarnnamen, letzte bekannte Adressen standen, der dickflüssige, schwarze Teich, die weichen Ufer des Teichs, und ich knabberte an den Wurzeln von Lilien und schlief ein. Und wenn ich meinen träumenden Kopf aufgerichtet hätte, hätte ich vielleicht New York gesehen, aufgetürmt und grell, die blühenden Ahornbäume, die sich langsam drehende unendliche Weite der Erde, unsere verschiedenen Zeitzonen und die schwarzen Autos, die sich durch eine kleinere Stadt in unsere Richtung aufmachten.

# EINE KISTE CHAMPIGNONS

Ich wachte auf von leisem Sirenengeheul und Jong, der gegen den Türrahmen klopfte. Er knipste das Licht an und ich kämpfte an gegen eine helle, orangene Flut. »Noel, steh auf. Irgendwas stimmt nicht.«

Ich drückte mich mit dem Ellbogen hoch und sah auf die Uhr. Es war kurz vor drei, mitten in der Nacht. Ich konnte Benny mit Mrs. Bernos unten reden hören. »Was ist los?«, fragte ich, aber Jong war schon wieder bei ihnen unten.

»Alles wird gut, ich bin sicher, alles wird gut«, sagte Benny zu der alten Frau.

»Was ist passiert?«, fragte ich an Mrs. Bernos gerichtet.

»Naja, ich dachte, dass es brennt, ich hab das alles schon erlebt, und deshalb bin ich aufgestanden, um nach draußen zu schauen, aber da war nichts zu sehen, da war nur dieses wahnsinnige Geratter von irgendwo her, also habe ich das Radio angemacht, und alle Sender waren tot außer diesem einen, wo der Präsident gerade eine Rede hielt. Und dann hat mein Bruder angerufen und gefragt, ob alles in Ordnung ist. Und erzählt, dass der Präsident das Kriegsrecht ausgerufen hat.«

Benny sah durch die Tür an Mrs. Bernos vorbei, in das Dunkel und auf aufleuchtende Fenster einer erwachenden Stadt.

»Wo ist Laurie? Ist sie zurückgekommen?«, fragte ich ihn.

Benny antwortete nicht. Er wandte sich zu Mrs. Bernos. »Können wir Radio hören bei Ihnen … bei unserem sind die Batterien leer … oder können wir Ihres ausleihen …«

»Naja … es geht immer um das Gleiche, die ganze Zeit, weißt du, ich glaube, es ist eine Aufnahme, und es ist drei Uhr früh, ich glaube wirklich nicht …«

»Wir haben geschlafen, bis Sie uns geweckt haben«, sagte Jong.

»Na, ich dachte …«

»Wenn Marcos das Kriegsrecht ausruft, dann deshalb, weil es Unruhen auf den Straßen gibt, und es wird mehr werden, und ich kann durchschlafen, weil ich vor nichts Angst habe, aber Sie, gute Frau, ich weiß nicht, was Sie machen, wenn diese Kerle hier auftauchen.«

»Warum, ich habe nichts …«

»Naja, vielleicht glauben die, dass Sie sehr reich sind wegen all der schönen Souvenirs, die Sie von überall aufgegabelt haben, und vielleicht kommen sie sogar auf die Idee, dass Sie Ihr Geld unterm Kopfkissen verstecken, da tun Sie es doch hin, oder?«

»Das ist doch lächerlich. Komm und nimm das dämliche Radio, wenn du unbedingt willst, ich gehe jetzt schlafen … aber ihr kommt raus, wenn ich rufe!«

Jong folgte Mrs. Bernos. Benny hatte sich während des kurzen Wortgefechts nicht gerührt.

»Sie werden mit Sicherheit jeden Unterschlupf auf den Kopf stellen, von dem sie wissen. Sie werden die Leute lastwagenweise einbuchten«, sagte er. »Wahrscheinlich besetzen sie gerade die Uni.«

»Da ist niemand um diese Uhrzeit«, erinnerte ich Benny.

»Natürlich nicht. Sie werden sichergehen, dass wir uns nicht zusammentun und Widerstand organisieren.«

»Aber wir sind der Widerstand, Benny.«

»Gegen was? Keiner weiß, was ab jetzt sein wird. Monatelang haben wir auf Papier gestarrt, uns mit Theorie beschäftigt, haben sogar gesagt, das Kriegsrecht könnte dazu führen, dass die Leute endlich aufwachen und merken, worauf dieses Regime aus ist, wir haben gewusst, was kommt. Und jetzt, wo genau das passiert … ich kann dir nicht mal sagen, wo Laurie ist. Ich schau da raus, und muss mich die ganze Zeit fragen, was zur Hölle wissen wir eigentlich wirklich?« Er setzte sich aufs Sofa, und mir fielen keine beruhigenden Worte ein. Benny griff in die Dose mit den Scrabble-Steinchen, und legte so etwas wie OPDEEIUOH auf den Tisch. Dann sah er zu mir hoch und sagte: »Ich muss rausfinden, was los ist, Instruktionen bekommen von den Kadern. In der Zwischenzeit, glaube ich, sollten wir uns trennen …«

»Aufteilen meinst du? Warum?«

»Damit, wenn irgendwas passiert, einer oder mehrere von uns überleben.«

»Glaubst du, sie werden uns hier finden? Kennen die uns wirklich? Verdienen wir das überhaupt?« Wir hatten immer angenommen – unsere Angst mit Selbstüberschätzung veredelt –, dass wir beobachtet werden, und kein Wort schwebte so schnell und ziellos im HQ herum wie *ahente*, »Spion«, der still die Fäden unseres Untergangs zog. Wir waren uns nie sicher, wer diese Spione waren (diese Gewissheit sollte uns später ereilen; einer unserer Agitatoren in Diliman würde wieder auftauchen, kerzengerade und ruhig, in der Uniform eines Second Lieutenant). Eine Reihe von Genossen fanden sich wieder, gefangen in einem Strudel aus Gerüchten, und ihnen wurde ausreichend Gelegenheit gegeben zu gestehen und zu bereuen, denn niemand konnte der heilenden Kraft der Revolution entkommen: Schaut euch den Offiziersanwärter auf der Militärakademie an, der im Schutz der Nacht seine eigene Waffenkammer plünderte, sich der Rebellenarmee anschloss und dabei ein Manifest seiner neugewonnenen Überzeugungen hinterließ sowie eine Reihe von Seufzern auf dem Weg (und doch würde er, Jahre später, wiederum dem schwankenden Ruf seines Herzens folgend, das Ganze als eine verdeckte Operation zur Infiltration abtun). Während der Demonstrationen warfen sie regelmäßig als Erste mitten aus unseren Reihen selbstgebastelte Sprengsätze auf die Polizisten und provozierten so die bereits vorgeplante Reaktion; oder sie spähten hinter Vorhängen durch Teleobjektive nach unten – so viel Aufwand für so gewöhnliche Gesichter. Ich fragte mich, ob ich ein Dossier wert sei, wer die Informanten wären, und wann und wie ich diese Figuren von meiner revolutionären Standhaftigkeit überzeugt hätte.

»Ich würde behaupten, dass sie ganz bestimmt von uns wissen. Klar, das ist natürlich auch nicht hundertprozentig sicher«, sagte Benny. »Du und Jong haut zusammen ab, sucht euch was, wo ich euch erreichen kann, und bleibt da, bis wir einen Weg finden, wie wir uns neu organisieren können. Verlasst das Haus morgen früh bei der ersten Gelegenheit. Mal sehen, ob die Busse fahren. Sie werden bestimmt Checkpoints an den Hauptstraßen errichten. Da werdet ihr durch müssen oder dran vorbei, wie auch immer. Ich bin mir sicher, ihr schafft das. Und lasst euch bloß nicht mit einer Mao-Bibel in der Tasche erwischen.«

»Und was ist mit dir?«

»Ich werde hier auf Laurie warten. Ich gebe ihr noch etwas Zeit … solange räume ich hier auf, nur, um sicher zu gehen.« Er kratzte die Scrabble-Steinchen auf dem Tisch zusammen und schmiss sie zurück in die Dose. »Das ist das Mindeste, was ich für sie tun kann. Macht euch keine Sorgen. Ich hab ne Knarre, schon vergessen? Die werden mich nicht lebendig zu fassen kriegen.«

»Sag so was nicht. Lass die Pistole stecken, Benny, wirf sie weg. War dumm von mir, damit anzufangen …«

»Da ist es.«

Jong kam zurück mit Mrs. Bernos' Radio, einem wuchtigen pinken Plastikteil, dessen runder Drehknopf leuchtete, wenn es eingeschaltet war. Benny drehte am Knopf hin und her, bekam aber nur Rauschen oder gar nichts zu hören, bis er den Regierungssender erwischte und der Raum sich mit Marcos' Bariton füllte: »... um die Republik zu retten und eine neue Gesellschaft aufzubauen!«

»Ich war auf dem Weg zurück zum Headquarter«, erzählte mir Laurie Jahre später, bei ihrer zweiten Tasse Kaffee. »Ich war auf dem Rückweg, aber ich hatte überhaupt nichts erreicht. Ich konnte zu niemandem Kontakt aufnehmen an dem Tag. Ich war verzweifelt und nahm einen Umweg zu meiner Tante. Ich dachte mir, dass ich vielleicht wenigstens etwas zu essen mitbringen könnte, wenn ich zurückkomme. Meine Tante war unterwegs, und ich musste auf sie warten. Sie schien glücklich, mich zu sehen, und ich ließ mich einlullen von ihrer Wärme, und aus irgendeinem Grund fing ich an ihr Sachen zu erzählen, die überhaupt nicht stimmten ...«

»Was zum Beispiel?«

»Ach, dass ich nach einem Job suchen würde, dass ich einige Firmen angeschrieben und ein paar Job-Interviews in Aussicht hätte, und sofort fing sie an, mir Kleider rauszusuchen, und tadelte mich, wie schlecht ich aussähe. Ich ließ sie machen, ließ sie eins meiner Lieblingsessen für mich kochen, und wir redeten bis spät in die Nacht, als ob wir niemals gestritten hätten. Über Politik haben wir nicht gesprochen. Ich wäre darauf eingegangen, wenn sie das Thema aufgeworfen hätte, aber das wollte sie nicht, das war mir klar. Es war so ... erfrischend ... mir war nicht bewusst, wie müde ich war. So sehr, dass ich, als sie mich fragte, ob ich über Nacht bleiben würde, dass ich dachte, ich würde ihr damit einen Gefallen tun ... uns ... und nicht ablehnte. Ich bin in dieser Nacht sehr früh wach geworden, so wie ihr. Ich dachte über mich nach und wo ich war, und wo Benny, du und Jong wärt, und ... Benny, ich hab ihn nie mehr gesehen.«

Zu dem Zeitpunkt hatten es Jong und ich auf den Highway geschafft, wir durchquerten gerade die Stadt. Wir hatten mit Benny ein Treffen bei einem Lebensmittelladen in Mandaluyong für nächste Woche ausgemacht. Dieses Treffen diente einem doppelten Zweck: Wenn wir untertauchen müssten, solange der Sturm über uns wütete, würden wir Geld brauchen. In dieser Situation war das das einzig Sichere – wir mussten uns, wie Tiere, eine Höhle suchen und Essen besorgen, während andere, die besser über unsere Zukunft und weitere Verwendung urteilen konnten, diskutierten und die Entscheidungen fällten.

Ich hatte meine besten Klamotten und die guten Lederschuhe angezogen, bevor wir das Haus verließen, und erntete dafür ein Ächzen von Benny und Kichern von Jong, die, wie immer, Jeans und T-Shirt anhatten.

»Was glaubst du, wo wir hingehen?«, fragte Benny.

»Nach Hause«, sagte ich, und band meine Schnürsenkel. »Ich werde Jong später wieder treffen, aber zuerst muss ich nach Hause. Wir brauchen Geld. Ich sehe mal, ob ich was kriegen kann.«

Ich war über zwei Wochen nicht mehr zuhause gewesen, und das letzte Mal war mir endgültiger vorgekommen als die Male davor; mein Vater war vor dem Streit davongelaufen und überließ es meiner Mutter, neue Wehwehchen aufzutischen, weshalb ich zuhause bleiben sollte (»Manchmal hört er im Schlaf auf zu atmen«, würde sie wahrscheinlich sagen); und ich erinnere mich an den völlig leeren Blick meines Vaters, als ich ihm auf dem Weg zur Busstation begegnete. Aber ich war weiter mit Nanay in Kontakt, rief sie alle paar Tage auf ihrer Arbeit an; sie wirkte entmutigt, blieb ruhig, und daher konnten wir über schönere Dinge wie den bevorstehenden Geburtstag meiner Schwester sprechen (»Natürlich würde sich deine Schwester freuen, wenn du auch da wärst«, sagte Nanay – und beließ es dabei).

»Schau einfach, dass du danach Jong wiederfindest.«

»Wir treffen uns heute Abend um acht vor dem Ideal Theater. Falls einer von uns nicht auftaucht, wiederholen wir das Spiel die nächsten drei Tage.« Ich hatte von der Methode in einem Buch über den KGB gelesen.

»Lass die albernen Schuhe zuhause«, sagte Jong. »Du siehst aus wie ein Staubsaugervertreter. Niemand verkauft Staubsauger in Tambakan.«

»Ist das so?«, fragte ich.

»Wir klauen sie«, sagte Jong sichtlich vergnügt. »Davon mal abgesehen, wenn du so rumläufst, wirst du vielleicht noch von meinen Cousins ausgeraubt.«

Ich war genervt und überlegte mir schnell eine passende Antwort. »Tu nicht so schlau. Das nennt man Tarnung. Der beste Weg, sich zu tarnen, ist so auszusehen wie einer von ihnen.«

Im Bus setzte sich Jong nach vorne, seine Gitarre zwischen den Beinen, ich saß hinten. Es waren kaum Pendler unterwegs; die meisten Büros waren an diesem Tag geschlossen, wegen der allgemein unsicheren Lage, in der die Proklamationen der Regierung auch nicht gerade beruhigten. Es würde eine Ausgangssperre geben, die Verbreitung von Gerüchten unter Strafe gestellt (und so endete der Tratsch in meiner Ecke des Busses, aber nicht, bevor ich nicht über die Auflösung des Kongresses, eine neuerliche Erstürmung der Universität, Massenverhaftungen und Massenerschießungen, Bombenanschläge und Aufstände von Muslimen, Wahrheiten, Unwahrheiten, mögliche Folgen erfahren hatte). An einer Stelle hielt unser Bus an, um eine LKW-Ladung Soldaten in voller Kampfmontur vorbeizulassen, das war der stillste Moment von allen; der Nebel lichtete sich, und in der brutalen Klarheit des neuen Tages erklang die Stimme des Regierungssprechers im Radio mit seinen Warnungen beinahe besänftigend und verwandelte unseren Bus in einen Ort des stillen Gebets.

An dieser Stelle sollte ich erklären, dass Manilas mit Holz verkleidete Busse nichts gemein haben mit ihren westlichen, flüsternden und mit Chrom glänzenden Kollegen; sie donnern durch den dichtesten Verkehr und schmettern dazu Foghat und Black Sabbath aus einem Kassettenspieler, der auf das Kommando des Fahrers hört; die Ummantelungen ihrer Motoren ragen wie Buckel in die vordersten Sitzreihen, schwitzen Öl in das Puder und Haargel der Bürogänger; die aus Spannplatten gezimmerten Decken erinnern an eine Kapelle auf Rädern, mit handgemalten Sonnenaufgängen, Wasserfällen, Reisterrassen und Vulkanen, die um die meditative Aufmerksamkeit des Fahrers buhlen; verschlungene Wellen- und Blumenmuster verzieren die Ränder eines gehäkelten Läufers, der knapp über und entlang der Windschutzscheibe befestigt ist, eine Zugabe der Angeheirateten des Fahrers; nachts erstrahlen die Busse mithilfe von lila Deckenleuchten, oder durch die roten Glühlampen am Mini-Altar zu Ehren Herz Jesu, der in das Dach eingeschraubt ist; und tatsächlich steuert Gott den Bus, wie Schilder in Großbuchstaben vermelden: GOTT IST MEIN CO-PILOT.

Und das tat Er; wir hofften, dass Er es tat. Ich stieg vor Jong aus. Ich sagte nichts, aber zwischen uns blitzte das tiefe Mitgefühl eines Sünders auf, wenn er einen Leidensgenossen erkennt.

Alle waren zuhause, versammelt um den Fernseher, in dem der Regierungssprecher noch immer irgendwas über die »allgemeine Ordnung« faselte. Es war ein großer »Zenith«*-Röhrenfernseher, den wir bei den drei Umzügen über die letzten sechs Jahre immer mit uns genommen hatten, und von einem Apartment oder Haus zum nächsten hatte er die eine oder andere Delle und Schramme davongetragen, aber sein Innerstes schien unverwüstlich. Wie viele aus den Provinzen verpflanzte Leute blieben wir immer Mieter; wir besaßen nie den Ort, nur die Sachen darin, die immer gleichen, wenigen Dinge, mit Ratenzahlung gekauft von Del Rosario Brothers oder ähnlichen Ramschläden. Später, kurz vor dem Ruhestand, würden meine Eltern dann genug gespart haben, um sich ein Haus mit Grundstück in der Pampa um Marikina leisten zu können; und wie es sich für einen echten Filipino-Sohn mit eigenem Einkommen gehört, würde ich die Hauseinheit rechts daneben kaufen und es mit Elektrogeräten aller Art vollstopfen, natürlich in bar bezahlt.

Aber jetzt gerade war ich fast blank; Benny, Jong und ich hatten die zwanzig Pesos aufgeteilt, die wir noch besaßen. Zehn legten wir beiseite für Benny und Laurie (von der wir annahmen, dass sie noch kommen würde), und je fünf für Jong und mich. Ich würde Nanay um einen Fünfziger bitten und wieder verschwinden.

Meine Schwester Thea sah mich zuerst: »Kuya!«, älterer Bruder, weinte sie, und meine Mutter kam auf mich zu, ohne etwas zu sagen, und umarmte mich. Ich kniff in Theas weiche Nase, was ich immer tat, und sie kicherte; in ein paar Jahren, als junger Teenie, würde sie Flaggenträgerin in der Marcos-Jugend sein. Mein Vater nahm seine Brille ab; ich konnte Erleichterung erkennen und eine Prise Streitlust. Mein Bruder musterte mich kurz und schlich dann in sein Zimmer; zu dieser Zeit redeten wir wenig oder begannen gerade erst, miteinander zu reden.

»Hast du was gegessen?«, fragte meine Mutter, obwohl sie bereits den Tisch für mich deckte.

»Nein«, sagte ich. Es war ungefähr neun Uhr morgens, meine beiden Eltern standen für gewöhnlich, an normalen Tagen, um fünf Uhr auf.

»Wir haben uns solche Sorgen um dich gemacht«, sagte Nanay und machte Wasser für Kaffee heiß. »Es gab irgendeine Schießerei an der Universität.«

»Ich war nicht da. Ich war … bei Freunden.«

»Schön, dass du hier bist«, murmelte mein Vater. Er stand auf, um mich anzusehen; der graue Star war wieder dabei, sein rechtes Auge zu vernebeln, und ich dachte daran, wie ich ihn als kleiner Junge zum Krankenhaus begleitet hatte, damit das Auge behandelt würde; ich hatte Panik damals, im Warteraum, ich dachte, ich hätte meinen Vater für immer verloren, und als er lächelnd auftauchte mit einem Verband über dem Auge, sprang ich in der Halle herum wie ein kleines Hündchen. Jetzt hatte er das Auge aufgegeben, und ich spürte Ärger in mir aufsteigen, ihm gegenüber, dem Auge gegenüber.

»Du solltest dein Auge behandeln lassen«, sagte ich.

»Was soll das bringen? Es kommt immer wieder zurück. Ich gewöhne mich langsam daran.«

»Jimmy schläft jetzt in deinem Bett«, sagte Nanay. »Ich werde …«

»Alles gut. Ich bleibe nicht hier.«

Mein Vater tat so, als ob er das nicht gehört hätte, und ging zurück zum Fernseher. Meine Mutter ließ ein Ei in der Pfanne kreisen, und bald stieg Rauch auf und füllte den Raum. »Das ist nichts geworden, ich mach dir ein neues«, sagte sie und warf das Ei in die Spüle. Sie weinte. Es begann wieder von vorne.

»Diesmal ist es anders. Sie verhaften Leute überall, schmeißen sie ins Gefängnis, sie … sie erschießen sie mitten auf der Straße!« Sie schlug ein weiteres Ei in die Pfanne.

Ich erwartete, dass mein Vater sowas sagen würde wie: »Wird aber auch Zeit«, aber er blieb still.

Früher hatte ich davon geträumt, seine Polizei- und Inspekteursmarken tragen zu dürfen. Jetzt wusste ich nur noch, dass er einem Gefangenen ins Bein geschossen hatte. Jetzt war er einfach ein inoffizieller Gehilfe des Kongressabgeordneten für Tigbawan, eines entfernten Cousins, dem er Reden schrieb und Ratschläge gab – für Peanuts, zu stolz, diesen Geizhals um mehr zu bitten und zufrieden genug, um das Spiel weiter mitzuspielen.

»Ich bin hier nicht sicher. Falls sie nach mir suchen, werden sie hierher kommen.«

»Du übertreibst. Du hast doch nichts gemacht, weshalb sie dich verhaften«, sagte Nanay.

»Dann sollte es mir ja gut gehen da draußen.«

»Nein, das wird es nicht. Bleib hier, Noel. Bleib für ein paar Tage, bis wir wissen, was passiert.«

»Ich kann nicht. Ich muss jemanden treffen nachher.«

»Wo, warum?«

»Du weißt, das kann ich dir nicht sagen.«

»Noel ... falls du in Schwierigkeiten bist, du weißt, dein Vater kann helfen, er kann mit Manong Vic reden, und Manong Vic kann ein gutes Wort für dich einlegen ...«

Manong Vic war unser Kongressabgeordneter.

»Nanay! Kannst du mich bitte ernst nehmen? Glaubst du, ich habe mir den Ärger eingehandelt, damit irgend so ein korrupter Bürokrat uns einen Gefallen tun kann und mich mit einem Klaps auf den Hintern gehen lässt?«

»Er ist nicht korrupt«, sagte mein Vater.

»Ist er, alle sind das!«

»Er bringt Essen auf unseren Tisch.«

»Nein, tut er nicht ... Nanay macht das! Sie macht hier die ganze Arbeit!« Nanay verdiente etwas über dem Mindestlohn in ihrem Bürojob bei der Post, aber das war mehr als Tatays gewöhnliches Handgeld von seinem Wohltäter. »Das stimmt!«

»Jetzt reicht's, Noel!« Ihre Stimme knallte an meine Wange. »Ich weiß, warum du hier bist ... ok, ich hol es dir. Wieviel brauchst du? Wenigstens können wir noch etwas für dich tun, etwas, das du zu schätzen weißt.« Sie war in ihr Zimmer gegangen und wühlte wie besessen in ihrer Handtasche.

»Nanay«, sagte ich, »Nanay, das meinte ich nicht ...«

»Ich versteh nicht, warum du dich so von uns entfernt hast, aber ich will mir niemals nachsagen lassen, wir hätten nicht genug getan.«

Ich hatte versucht, ihnen unsere politische Haltung zu erklären, hatte ihnen unsere Bücher gezeigt; mein Vater aber hing an seinen Theorien über chinesische Händler und ihre Treue zum maoistischen System, und meine Mutter hätschelte ihr Wunschbild eines Erstgeborenen. Sie fand ihr Geld und nahm es, ruhig, ohne es zu zählen; ich wusste, sie würde mir alles geben, was sie hatte.

»Eines Tages, Nanay, wird es das alles wert gewesen sein.«

Sie nickte und glaubte mir nicht. Leah blickte verstohlen von der Tür zu uns, und Nanay zwang sich zu einem Lächeln.

»Rufst du mich an?«

»Sicher«, sagte ich. »Ich muss frische Klamotten anziehen und welche einpacken.«

»Noel … du gehst nicht ganz weg, oder? Ich meine … du gehst nicht in die Berge …«

»Nein, nein, das wäre zu früh«, sagte ich.

»Ja, das finde ich auch.«

Als ich in Jeans wieder auftauchte, fand ich mein Frühstück auf dem Küchentisch angerichtet – von meinem Vater, der seine Brille wieder aufgesetzt hatte und dabei war, die Fliegen zu verjagen. Ich fragte mich, was das neue Regime für seinen Boss bedeutete, für seinen Job; ich hatte nicht daran gedacht zu fragen.

»Hast du was von Manong Vic gehört?«, fragte ich, während er Kaffee für uns beide eingoss.

»Nein. Ich glaube, er muss über vieles nachdenken. Sie lösen gerade den Kongress auf, weißt du das?«

»Das wird auch … aber … was wirst du tun?«

»Ich weiß nicht. Aber ich werde was finden. Wir überleben das schon … das haben wir immer.« Er suchte in einer alten Zeitung nach dem Kreuzworträtsel und starrte auf die Fragen. Ich gönnte mir ein ruhiges und beinahe entspanntes Frühstück, die plötzliche Friedlichkeit lag bedeutungsschwer im Raum.

»Manila«, erzählen die Reiseführer, ist eine Fehlgeburt aus *may nilad*, was »besetzt von Lilien« bedeutet, nach der *nilad*-Lilie, die den Fluss Pasig in präkolonialen Zeiten bedeckte. Wie ihr Namensgeber hält sich vieles von Manila über dem Wasser, auf in Schlamm und Weichstein getriebenen Stelzen, entlang des Flusses und der Kanäle, die einst das Kanalisationssystem der kolonialen Stadt bildeten. Die Wasserstraßen wurden seitdem von Schlick und Millionen Tonnen zusammengepressten Mülls erstickt, der Abfall eines Jahrhunderts aufgetürmt über dem des vorigen, die Scheiße von ausgestorbenen Affen und Krokodilen durchmischt mit den Hinterlassenschaften eines Rajah Sulayman*, eines Legazpi*, der *hildalgos** und Chinesen, des Genies aus Calamba* und des Idioten aus Pandacan*, von Deweys* Truppen aus Nebraska, von Schuhmachern und Schmieden, Bullen, Taxigirls, von Zigarrenfabriken und Ölraffinerien. Und alles ist zu einem klebrigen Etwas verwachsen, sodass die *esteros*, diese Bächlein (einst erfüllten sie ihre Aufgabe in und um die Stadt so gut, dass einer von ihnen Tripa de Gallina hieß, »Hühnerdarm«) an einigen Stellen ständig über die Ufer treten, die Fluten der Taifunsaison über sie und an ihnen vorbeischießen, als gäbe es sie gar nicht.

Und so, in der Haltung eines Opfers und Beobachters zugleich, treibt die tief liegende Stadt nach oben und ergießt sich über ihre Ärmsten, die auf den kärgsten Böden hausen. Sie strömen aus den Provinzen herein in überhitzten Booten und Bussen und stecken ihren Besitz eigenmächtig und ohne jegliche Kontrolle entlang der *esteros* ab. Mit Resten aus Pressholz, verzinktem Blech, altem Bauholz und Gummireifen (um die Dächer zu beschweren) errichten sie eine Behausung schneller als man eine Mahlzeit verdauen kann, und sie bringen ihre Strohmatten mit, ihre Pappkartons voller Kleidung, ihre Gaslampen und Heiligenfiguren; sie zapfen die nächsten Wasserrohre und Stromkabel an mit dem Instinkt eines Säuglings, und werden, so verbunden, zu Mitgliedern der babylonischen Stadt, deren neueste Quartiere sogleich aussehen wie ihre ältesten.

Tambakan war einer dieser Slums, bevor es abbrannte. Aber eigentlich hatte es immer gebrannt, wie es jeder Ort mit diesem Namen (»die Müllkippe«) getan hätte in dieser schmutzigen Zeit; es stand auf Müll und verwandelte ihn in brauchbares Vermögen, zog aus dem rotten Material die Nährstoffe für ein Leben, in dem Männer, Frauen, Jungs und Mädchen - wie Bakterien auf den dampfenden Haufen – Metall, Papier, Glas und Gummi sammelten, um es an Großhändler zu verkaufen. Es war der bevorzugte Abfalleimer der Stadt; LKWs kamen von überall her nach Tambakan und spuckten ihre Ladung dort in die offene Wunde. Es dampfte allein schon durch den chemikalischen Prozess; die Masse organischen Materials erzeugte eine so große Hitze, dass die Gase, die sich in Einschlüssen über Fisch, Gemüse, Brühe und Essensresten bildeten, an die Oberfläche krochen und entflammten, um dann von neu abgeladenem Müll erstickt und zu Qualm zu werden. Und dennoch, und genau so, überlebte das Dorf an der Peripherie, bewohnt von Ausgestoßenen: Ex-Farmern, Ex-Sträflingen, Alten, Geflüchteten, langfingrigen Waisenkindern, Junkies.

Tambakan brannte eines Nachts ab – vollständig, aber nicht endgültig –, ein paar Jahre, nachdem Jong und ich dort einige Zeit in seiner Obhut verbracht hatten. Wiederum Jahre später würde ich wieder nach Tambakan kommen, diesmal in der Limousine des Vize-Ministers auf dem Weg zu irgendeinem dieser Projekte der First Lady, die entlang der Küste aus dem Boden schossen. Ich dachte dann an die Nächte, als ich auf dem Boden zwischen Jongs Großvater, der Tante oder einem der fünf Cousins schlief, die Tante um die fünfunddreißig, der Jüngste sieben Jahre alt, und die alle in Schichten schliefen, aus Platzmangel und um mit dem konstanten Ansturm von Müllsammlern mitzuhalten; ich dachte an die Plastikdose mit Wasser, die beim Essen die Runde machte und in die jeder seine Finger tauchte, bevor die gesalzene Makrele in Stücke gerissen wurde. Und dann war da das Schwein, gehalten und gemästet für eine Fiesta, das im hinteren Teil der Behausung lebte, der gleichzeitig als Bad und Klo für den gesamten Haushalt diente.

Ich erinnerte mich an sie und wunderte mich, wo all diese Leute geblieben waren, bis ich eines Tages verstand, dass sie alle verschwunden waren, zumindest für einige Zeit, weil Tambakan, die Hütten, den Flammen bis auf den Boden zum Opfer gefallen war. Sechs Menschen starben, und Überlebende sprachen nachher von bombenähnlichen Explosionen, die das Feuer ausgelöst hätten. Bald danach wurde in den Nachrichten verkündet, dass das gesamte Gebiet »erneuert« werden sollte, als eines der ersten »Pretty City«-Projekte der First Lady mit dem Ziel, ein neues, lebendiges Gewerbe- und Wohnviertel entstehen zu lassen. Irgendwo zwischen den Fundamenten des Quartiers würden schmale Schweinerippen zu finden sein, kalter Rauch und die gelbe Süßlichkeit von Fäulnis.

Bald sah Tambakan aus wie ein langgestreckter Garten Eden mit den dorthin versetzten Palmen, hinter denen eine drei Meter hohe Weißblechwand emporragte, sodass die Palmen aussahen, als ob sie in einer völlig makellosen Welt wuchsen. Hinter der Wand blieb das Quartier ein bürokratischer Wirrwarr; Ingenieure stritten über die Eigenschaften des Bodens, der ständig einbrach trotz aller Anstrengungen mittels Bulldozern, die Hügel einzuebnen. Die Müllkippe selbst war in einen Steinbruch in Rizal umgezogen, weit weg von den Touristenströmen, und die ehemaligen Bewohner waren nach Sapang Palay abgeschoben worden, einem halbwegs legalen Wohngebiet für die Besitzlosen am Rand der Stadt.

Und während der Boden Widerstand leistete und die Ingenieure fluchten, stürmten Neuankömmlinge die Wand – schon länger nicht mehr weiß wegen der Graffiti und dem Ruß – und trieben Pflöcke in die Erde. Währenddessen begannen die Palmen abzusterben – so lebensfeindlich war die Erde unter ihnen.

Heute gibt es in Manila nur noch wenige Kokosnusspalmen; Akazien und andere hartgesottene Verwandte bestimmen das Grün der Stadt. Falls es Kokosnusspalmen gibt, so sind die meistens dekorativ, entweder als eingetopfte Zwerge mit goldenem Hals oder als abgemagerte Statisten mit geflecktem Schienbein. Sie säumen den Boulevard, der die gesamte Küstenlinie in der Bucht vom Flughafen bis zur US-Botschaft und dem Rizal-Park entlang verläuft. Einige überleben, unfruchtbar, auf kleinen Inseln, die den Verkehr teilen auf Manilas kleineren Durchgangsstraßen, im Hoheitsgebiet von Staub und Motoröl. Doch andere gedeihen, hinter Toren in Wohnanlagen, in Gärten, konzipiert für Barbecues und Swimmingpools, und in dem ein oder anderen Innenhof, nur beeinträchtigt durch Licht und Heckenscheren.

»Du hast Nina immer gemocht«, stichelte Laurie. »Wir haben das immer gewusst. Aber du hast keinen Finger gekrümmt.«

»Konnte ich nicht. Sie war mit jemand anderem verlobt, und außerdem war ich zu jung. Ich meine, sie war eine richtige Frau, und was war ich? Ich sag es dir, was … ich war eine Jungfrau.«

Laurie lachte leise. »Und du erwartest, dass ich das glaube?«

Ich zerdrückte die wabbligen Karotten auf meinem Teller, während ich mit ihr sprach, und mir fiel auf, dass mich das schlechte Essen nicht störte, weil ich nicht dafür bezahlen musste. Ich würde einfach einen Wisch mit dem Namen des Vizeministers unterschreiben. Das Büro hatte eine Vereinbarung mit dem Restaurant, und ich wollte, dass Laurie das auch bemerkt.

»Zu der Zeit, ja.«

Jetzt trug ich eine rote Krawatte zu einem hellblauen Hemd mit dünnen weißen Streifen und notierte Mittagessen wie dieses in ein schwarzes Notizbuch mit Ledereinband. Jetzt wählte ich meine Worte behutsam, so, dass die Leute mir zuhörten oder für wen auch immer ich redete. Oh, hi, Jerry, tut mir wirklich leid, das zu hören, sie sollen gut funktionieren, wo es kälter ist, aber hier gehen sie aus irgendeinem Grund immer wieder kaputt, wahrscheinlich der Staub, könnte ich mir vorstellen, der kriecht überall rein, du hast Recht, absolut richtig, ich hatte dasselbe Problem, aber hör mal, bevor ich es vergesse, ich sollte dir wirklich sagen, wie sehr der Vizeminister es schätzt …

»Noel?«

»Oh.«

»Ich muss bald los.«

»Nein, bitte. Möchtest du Kaffee. Lass uns einen Kaffee trinken. Ich genieße das hier, es ist so lange …«

»Na gut … okay. Ich hab um drei einen Kurs, aber …«

»Das ist kein Problem. Ich muss in einer Stunde oder so zurück ins Büro. Ich kann dich an der Schule vorbeibringen.« Ich winkte dem Kellner und schaute dann zu Laurie.

Ich liebe dich, Laurie, sagte ich zu mir, ich liebe dich, aber genau wie Nina wirst du das nie erfahren – na gut, ich nehme an, sie wusste es, ich muss mich dessen jetzt nicht schämen, nach was, neun oder zehn Jahren –, aber du wirst das nicht erfahren, noch nicht, denn ich fange gerade erst an dich zu lieben. Ich hatte gehört, dass du am Leben bist, aber ich habe es nicht mit eigenen Augen gesehen.

Aber einmal spürte ich dich sehr lebendig, so, wie niemand sonst es erlebt hat. Es war nicht Sex; das wäre schön gewesen, aber das war es nicht. Es war eine Demo vor der Botschaft, als wir Hunde waren oder dafür gehalten wurden: Irgendein Angehöriger der Airforce von der Clark-Airbase* hatte wieder einmal einen armen Kerl abgeknallt, der auf dem Übungsgelände für Bombenabwürfe Altmetall sammelte, und behauptete später, er hätte einen Hund gesehen. Oh, was tun wir nicht alles für ein bisschen Kupfergeld. Es war Blei, das sie mit der Pinzette im Krankenhaus aus dir heraus pulten; sie hatten eine Granate auf dich geworfen, Laurie. Ich kann mir nicht vorstellen, dass du überhaupt mitbekommen hast, dass ich es war, der dich festhielt, als der Doktor, mit seinen brillanten Händen die Naht deiner Hose aufriss, um an das pochende, das stachelige Stück Schrapnell in deinem Fleisch zu gelangen. Ich erzählte dir irgendwas, um deinen Schmerz zu lindern, aber wem wollte ich da was vormachen? Ich konnte dein Zucken fühlen; wir bestanden nur noch aus Nerven, hörten nur noch auf unsere Instinkte.

Liebe und Tod: Wo könnten sie einander näher sein als in dieser Geschichte, die im Gefängnis erzählt wurde, um unsere Nerven zu stärken? Die Details variierten je nach Erzählweise, aber sie liefen alle auf Folgendes hinaus:

Nachdem sie schwere Verluste erlitten hatten, fanden die Mitglieder einer Einheit der New People's Army heraus, dass jemand von ihnen, eine Frau, Spion der Regierung war. Daran hielten sie fest, ohne jeden Zweifel, denn es gab genügend Beweise. Es wurde daher beschlossen, dass die Frau entsprechend dem Kriegsrecht, das damals galt, exekutiert werden sollte – ein Urteil, dass ihr im Beisein aller mitgeteilt wurde, nachdem sie alles gestanden hatte und natürlich den Kodex der Guerilla sehr genau kannte. Aber die Frau war mit einem der Anführer verheiratet, und unter den Genossen sollte es keine Privilegien geben; der Ehemann jedoch hatte eine merkwürdige Bitte: »Lasst mich es tun«, sagte er. Es gab keinen Zweifel, dass er es tun würde, er hatte sich sowohl im Gefecht als auch in der politischen Arbeit als Vorbild für Verlässlichkeit hervorgetan; er würde die Nerven und den Willen haben, seine Frau zu erschießen. Sie gaben ihm also eine 45er. Der Mann nahm seine Frau zur Seite, nahm sie mit runter zum Fluss, und dort saßen sie auf einer Bank und weinten, sich in den Armen liegend, um alles, was gewesen war und das, was vielleicht noch gekommen wäre – mit anderen Worten, für die quälende Gewissheit des Lebens im Hier und Jetzt –, und dann nickte sie ihm zu und er erschoss sie.

Als ich die Geschichte zum ersten Mal hörte, war ich mir in Einem sofort ganz sicher, und zwar, dass ich niemals in der Lage wäre, dasselbe zu tun; ich hätte gestritten; ich hätte Romane geschrieben, um die verstörende Komplexität von Wahrheiten, Entscheidungen, Fehlern aufzuzeigen. Ich war der unzuverlässigste Genosse, den ich kannte.

»Zwei Kaffee bitte.«

»Du machst das?«

»Was …«

»Mich vorbeifahren. An der Schule.«

»Ja, klar. Liegt auf meinem Weg.«

»Hast du eigentlich das College abgeschlossen … ich hoffe, die Frage stört dich nicht?«

»Naja … ich habe einen B.A. von einem kleinen Business-College aufgegabelt … das PSBC, falls dich das interessiert … aber ich musste nicht wirklich zu den Vorlesungen gehen, du kennst ja das System. Die Hauptsache ist, dass ich etwas in meinen Lebenslauf schreiben kann, um die Leute in der Personalabteilung zufriedenzustellen. Klingt furchtbar, oder?«

Laurie schien kurz davor, ja zu sagen, aber es war bis dahin ein nettes Treffen, und ich war irgendwie erleichtert zu sehen, dass wir alle etwas Taktgefühl dazu gewonnen hatten: Atme ein, atme aus, straffe deine Gesichtsmuskeln, aber gib keinen Laut von dir. Ich hatte Laurie bei einem Presse-Briefing im Kongresszentrum getroffen, anlässlich des neuen Kokosnussholz-Projektes, das vom Ministerium vorangetrieben wurde.

Und da war ich jetzt, neu geboren, schrieb Reden und entwarf Memos für das Ministerium für Soziale Wohlfahrt als Außerordentlicher Berater des Vizeministers, des VM höchstpersönlich.

Der Job brachte mich in Kontakt mit den unterschiedlichsten Persönlichkeiten: dem Abgeordneten Napoleon, ein weiches braunes Pummelchen in einem Maßanzug, der für gewöhnlich ohne Fanfare in das Büro des VM einrollte und es sich dort für den Rest des Tages in seinem Lieblingssessel gemütlich machte, Scotch trank und Anrufe entgegennahm – die des VM und seine eigenen – und allen mit den Geschichten über seine letzten Ausflüge nach Nairobi, Bangkok oder Genf, wohin auch immer die Winde den Vorsitzenden des Unterausschusses für Internationale Beziehungen trugen, auf die Nerven ging; mit Gouverneur »Munding« Fortuno, der gegen Nachmittag, mit völlig gerötetem Gesicht vom Saunabesuch und den Massagen, in einer Parfümwolke um die Ecke kam, während seine Security wie wachsame Engel im Wartezimmer nach feindlichem Leben Ausschau hielten; mit General Nieves, seit kurzem im Ruhestand und jetzt spezieller Berater für die Laser Venture Corporation, eine Firma mit Stammsitz in Houston und Interessen am Agrargeschäft in Mindanao; und sogar mit Freddie Sanz, der sich wie selbstverständlich an der Bar des VM bediente und der den Abgeordneten Napoleon, wenn sonst niemand da war, mit ausgeschmückten Nacherzählungen seiner eigenen Geschichten unterhielt, Freddie, dessen vornehme Mimik und Wortwahl selbst die schäbigsten Transaktionen mit Liebe und Geld zu Vereinbarungen von wahren, ehrenhaften Gentlemen emporhoben.

Diese Gentlemen begründeten die freitägliche Viererrunde des VM, wobei Freddie als der Niederste von ihnen als Sitzwärmer diente, falls der Palast oder irgendeine andere Autorität, die gefährlicher war als eine mittelmäßige Pokerhand, anrief. Es war einer dieser Abende, das Gelage war in vollem Gange und der Gouverneur war unterwegs, um seinen Geschäften nachzugehen, als der VM mit der Idee aufschlug, dem Gouverneur, dem alten Politikveteran, ein neues Leben zu schenken. Ich war unten im Salon und spielte Pool mit dem Chauffeur des VM, Doy, als Freddie mich auf dem hausinternen Telefon anklingelte, um mir zu sagen, dass ich oben dringend gebraucht würde.

Freddie war einer der Gaukler am königlichen Hof, dessen Wohlergehen davon abhing, wie geschickt er seinen Witz und Verstand im richtigen Moment einsetzte, in Kriegs- und Friedenszeiten, im Cafe, am Boxring, in Begleitung der First Lady über Kunst redete, Robert Frost zitierte, immer cool, nie ohne ein sauberes, weißes Taschentuch, ein Weinkenner, eleganter Schlawiner, Glücksritter, gelegentlicher Leichenbestatter und ein unglaublich taktvoller Überzeugungskünstler. Freddie war all das, tat all das, und war stolz, auf der Gehaltsliste des VM zu stehen. Nicht mal der Minister hatte einen Freddie in seiner Mannschaft; aber der Minister hatte, wie der VM gerne mitleidig erwähnte, auch kaum mehr vorzuweisen als einen B.S. in Agrarökonomie von irgendeinem Südstaaten-College, während er selber Stanford mit einem Rockefeller-Stipendium gemeistert hatte.

Der VM sammelte Talente wie der Gouverneur Frauen: Er fuhr die Universitäten und die Cocktail-Lounges, auch die Tennis-Courts nach ihnen ab, pickte aus dem Gesäusel das eine wahre Paar Lippen, das vielleicht nicht Treue versprechen, aber Inspiration liefern würde: für das richtige Bonmot beim Lunch im Kiwanis-Club, das Memorandum für Madame, die Retorte für den Minister, die Kultur, den Appell, den Tadel, den Aufschrei, die nackte Lüge, den Anruf, den Honig, das Geständnis.

Freddie war Herausgeber eines Wochenmagazins namens »Fresco« gewesen, eine gewagte Mischung aus Politik, Kino, Sport und der fünfunddreißigsten Neufassung von *Lady Chatterley's Lover*, bevor ihn der Verlag wegen Veruntreuung von Geldern rausschmiss, bevor ihn der VM an der Bar des Presseclubs aufpickte.

Gegenüber Freddie war ich zwiegespalten. Ich beneidete seine Leichtigkeit, sein präzises Urteilsvermögen, wenn die Interessen unseres Meisters tangiert waren. Aber ich kannte auch sein anderes Gesicht: wie er den Dreck unter seinen Fingernägeln hervor pulte, sein Geld zählte, die Jungs auf dem Boulevard musterte. Ich erinnerte mich an das erste Mal, als ich dabei zusehen konnte, wie Freddie seine Fassung verlor, ungefähr ein Jahr zuvor. Ich arbeitete an einer Rede, und er kam an meinen Schreibtisch, verblüffend nüchtern. Er hatte mit dem Gouverneur telefoniert wegen eines Mädchens, so um die sechzehn, die ich Tage zuvor im Mercedes des Gouverneurs gesehen hatte – in der Uniform einer Klosterschülerin. Wir verstanden alle sofort. Und jetzt musste ich durch Freddies Gestammel hindurch verstehen, dass dieses Mädchen tot war wegen einer verpfuschten Abtreibung, dass der Gouverneur jetzt ihn für den ganzen Schlamassel verantwortlich machte, da der Arzt einer von Freddies Intimfreunden aus dem Copa Club war. Freddie stand an der Tür und sagte: »Scheiß auf ihn, Scheiß auf sie beide, ich kann jeden Arsch in diesem beschissenen Laden fertigmachen, ich bin schon genug am Arsch, oder, Kumpel?«

»Unser Freddie denkt, wir könnten da was rausholen«, sagte der VM und drehte sich zu mir, die anderen kicherten vor sich hin.

Freddie strahlte alle Anwesenden mit der Bescheidenheit des Auserwählten an und sagte: »Nein, Sir, Sie haben den Plan erdacht, ich habe lediglich die Art seiner Ausführung ergänzt.«

»Na dann, sehr gut, du machst das«, sagte der VM zu mir, »aber wenn Munding den Spaß nicht mitmacht, wird es dein Arsch sein, Freddy, den ich ihm serviere.«

»Selbstredend, Sir«, sagte Freddie brav, »ich trage alle Konsequenzen … aber ich glaube nicht, dass der Gouverneur Gefallen an mir finden würde, weder von vorne noch von hinten. Er mag sie für gewöhnlich jünger, und üppiger hier in dem Bereich.« Er legte eine Hand auf seine Brust und erntete Gelächter, dann erhob er sein Glas in meine Richtung und sagte: »Ach Noel, Noel, was würden wir ohne dich tun? Du musst dich dieser Sache annehmen, uns zuliebe.«

»Armillarsphäre? Nie davon gehört«, brummelte der General.

»Ich habe eine in Peking gesehen«, sagte Napoleon, »fantastische Geräte, ich konnte meinen Augen nicht trauen. Aber die Chinesen haben ja auch mehrere Tausend Jahre Erfahrung auf dem Buckel.«

»Was soll ich machen?«, fragte ich.

Der VM griff nach einer Broschüre und warf sie mir zu. »Eine Nominierung für den Filippo-Testaverde-Preis für herausragende Dienste am Volk, was auch immer das sein soll. Steht alles drin. Diese christliche Stiftung in Rom will damit ›außergewöhnliche Leistungen der öffentlichen Verwaltung oder zur Erreichung öffentlicher Ordnung durch gewählte Volksvertreter in Entwicklungsländern würdigen‹.«

Napoleon schloß die Augen: »Es ist ein Spaß, und es geht sehr gerecht zu. Sie vergeben jedes Jahr um die hundert davon. Es gibt zwar kein Geld, aber man kriegt eine Medaille, eine Urkunde, und, am wichtigsten, einen Eintrag in die Liste der Ehrenmitglieder, und das alles wird dem Preisträger überreicht von niemand geringerem als dem italienischen Botschafter höchstselbst, in einer Empfangshalle … aber wo kann das wohl sein? … In einer Empfangshalle, ja, und zwar im Palast des Erzbischofs, in Begleitung einer von Ehrfurcht überwältigten Familie und ebensolchen Freunden.«

General Nieves streckte die Hände nach den Karten aus: »Was für ein großartiges Publikum das sein wird. Ich schätze, vier

Freunde, sechs Familien, und vergesst nicht seine Armee von Bodyguards.«

Der VM stapelte seine Chips: »Munding ist unser Mann.« Und dann, zu mir gewandt: »Wir denken, du solltest für den Gouverneur eine Art Biografie zusammenschreiben für die Nominierung. Schreib was Schönes. Spar nicht mit Fakten. Dichte ihm ein paar schöne dazu. Gib ihm eine Kindheit. Gib ihm Intellekt. Gib ihm drei Hochschulabschlüsse – aber schick ihn bloß nicht nach Stanford! Lass ihn haushoch siegen, mach ihn volksnah, leidenschaftlich, humorvoll, mutig, alles, was gut klingt, alles, was nötig ist.«

Freddie formte die Hände zu einer Pyramide: »Er kann Gedichte schreiben … vielleicht für seine Frau zum Geburtstag? Er könnte einen Band mit wissenschaftlichen Texten herausgegeben haben, die Themen reichen von, sagen wir, Kultur und Kokosöl, oder besser, Agrargesellschaften bis zu Subventionen für Düngemittel und der Bedeutung von klassischer Musik für die Volksbildung … es muss eine gute Mischung sein, Abstraktes mit Konkretem, die Herrschaft Gottes und, ja, der Kampf gegen Aufstände, das Genie und die gutmütige Stärke müssen beide durchscheinen.«

»Das ist gut, das ist gut«, nickte Napoleon. »Aber vor allem muss er Auszeichnungen haben, Preise, die sie aufhorchen lassen und die ihren nebensächlich erscheinen lassen.«

General Nieves grunzte. »Kampf gegen Aufstände, dass ich nicht lache. Munding regiert eine Provinz voller Kommunisten. Er ist der Einzige, der da wirklich an Freiheit glaubt, auch wenn er es nicht weiß.«

»Schreib eine erste Fassung bis Montag, und kein Wort zu niemandem. Wir wollen Munding die Überraschung seines Lebens bescheren.« Der VM hielt kurz inne, Freddie lachte. »Überlegt euch einen Codenamen, alle.«

Ein paar fantastische Vorschläge machten die Runde – Operation »Plan von Nichts«, »Schicksal«, »Willkür« – bis ich sagte, dass ich den falschen CV des Gouverneurs in jedem Fall vorbereiten würde, mit oder ohne Codenamen, und alle stimmten überein, dass der Schwindel von nun an als »Oplan-CV« geführt werden sollte.

Ich schrieb die Pseudo-Biografie von Gouverneur Segismundo Fortuno über das Wochenende und entdeckte zu meiner Überraschung, wie viel Spaß das Erfinden falscher Tatsachen machte, besonders mit Rückendeckung und einem klaren Ziel. Es war aber nicht einfach, zugleich dramatisch, präzise, kreativ und humorvoll zu schreiben. Ich legte den Weg des jungen Fortuno mit großen Steinen und tiefen Abgründen aus, ließ ihn ausreichend Trauer verspüren beim Verlust seines Politiker-Vaters, natürlich durch Mord, um seinem wenig ausgeprägten Anspruch, die dynastische Tradition weiterzuführen, neues Leben einzuhauchen. Ich linderte seinen Schmerz durch Auszeichnungen und Preise, verschaffte ihm Posten in Vorständen, als Herausgeber, Verbindungen zum Vatikan. Ich machte aus ihm einen erfolgreichen Leistungssportler, leidenschaftlichen Angler, Meister der Anpassung. Ich krönte seine Politikerlaufbahn mit einer Beschreibung des Babaya-Damm-Projekts, zwei Milliarden Pesos an Erdaushub, fertiggestellt in seiner dritten Amtsperiode. Meine Geschichte kam auf fünf eng beschriebene Seiten, und als ich das letzte Wort – »Zukunft« – eintippte, irgendwann zwischen zwei und drei Uhr am Montag in der Früh, kribbelte in mir die Überzeugung, dass ich etwas von einzigartiger Schönheit erschaffen hatte, wie eine neue Sorte Rosen oder eine filigrane Porzellanfigur.

Ich lieferte meinen Entwurf am Montag gegen Mittag ab, hatte eine Kopie in einem Aktenordner abgeheftet, versehen mit der Aufschrift »Oplan-CV« und einem roten »Vertraulich«-Stempel. Solche Aufgaben waren für mich wegen meiner politischen Vergangenheit eigentlich nicht vorgesehen, aber der VM hatte die Leute vom Sicherheitsapparat mithilfe von General Nieves überzeugen können. Eine handgeschriebene Notiz reichte aus, um mein Leben zu verändern.

Seitdem hat mich der Gedanke nie mehr losgelassen, wozu Dokumente imstande sein können, mit den richtigen Unterschriften, an die richtigen Adressen geleitet: Dekrete, Vollmachten, Vorladungen, Steuerbescheide, Beglaubigungsschreiben, Verpflichtungserklärungen, Kaufverträge. Irgendwo da draußen kehrten Sekretäre und Sekretärinnen von ihrem Mittagessen oder der Mittagsmesse ins Büro zurück und verfassten Schreiben, die den Leuten erklärten, warum sie fröhlich, verängstigt oder auf dem Boden zerstört sein sollten, und viele dieser Leute hatten nicht die geringste Ahnung, was in dem Brief auf sie wartete.

Ich hatte die Note des Generals, die meine Bitte um Sicherheitsfreigabe befürwortete, persönlich beim Amt für nationale Sicherheit abgegeben, die Anfrage selbst hatte ich formulieren müssen, mit der Unterschrift des VM als meinem Bürgen; ich hatte eine Bilanz meines Lebens mit allen Details bis in die Gegenwart liefern müssen, und mir war klar, dass meine Version mit ihrem Dossier verglichen werden würde, das, da war ich mir sicher, vollgestopft war mit Fehlern und Unterstellungen; je mehr ich darüber nachdachte, desto mehr war ich überzeugt, dass ich aufgrund falscher Informationen verhaftet worden war, und so schrieb ich meine Anfrage als eine Art prophylaktischer Verteidigung. Wie sich dann herausstellte, reichte die Note des Generals vollkommen aus, um meine uneingeschränkte Eignung für den Staatsdienst zu zertifizieren; ein Captain heftete es an meine Personalakte, und ungefähr eine Woche später erhielt ich einen Brief, in dem sie mich der Obhut und Verantwortung des VM überließen. Aber sie hatten meinen zweiten Vornamen falsch buchstabiert, und es brauchte weitere Briefwechsel und eine Geburtsurkunde, bis sich meine Sorge, sie könnten diesen Schreibfehler dazu nutzen, mich wieder ins Gefängnis zu stecken, in Luft auflöste.

Der VM war zu beschäftigt, um meinen Entwurf selbst zu lesen, und erst Tage später ergab sich eine Gelegenheit, ihm darüber zu berichten, auf dem Weg zur Eröffnung einer Konferenz von Reiseveranstaltern im Pazifikraum. Er hörte meinen Ausführungen der wichtigsten Punkte ruhig zu, kicherte hier und da, aber es war offensichtlich, dass seine Gedanken längst um andere Themen kreisten. Er befahl dem Fahrer, durch ein Stadtviertel zu fahren, in dem ein Modellprojekt im Gange war, bei dem speziell behandeltes Kokosnussholz für den Hausbau verwendet wurde, und dieser Umweg machte ein weiteres Gespräch unmöglich.

Am folgenden Wochenende wurde Gouverneur Fortuno auf der Rückfahrt nach Abong in seinem Van Opfer eines Attentats, nachdem er bei einem Treffen im Kapitol, wie von vielen vorausgesagt, gescheitert war, mit Vize-Gouverneur Lacanilao einen Kompromiss zu finden; der Gouverneur und zwei seiner Bodyguards starben, ins Gras katapultiert von einem Raketenwerfer, so die Vermutung der Ermittler. Unverzüglich veröffentlichte der Vize-Gouverneur ein Statement, in dem er den Anschlag verurteilte und den dortigen Arm der New People's Army verantwortlich machte. Die Anhänger des Gouverneurs marschierten am selben Abend zum Kapitol; das Wachhaus fing Feuer, die Militärpolizei schritt ein, und acht Menschen fanden in dem folgenden Tumult den Tod.

Ich hörte die Spätabendnachrichten in einer Bar auf der Timog Avenue, aus einem Fernseher, der von zwei Pygmäen aus Massivholz geschultert wurde. Ein paar Minuten später tobten die Showgirls auf der Bühne in kurzen gelben Regenmänteln und mit Feuerwehrhelmen aus Pappe, jede von ihnen schwang ein brennendes Kondom. Das Publikum raste. Ich musste lachen, trotz der Bitterkeit in meinem Mund, und kramte in meinen Taschen nach Kleingeld, das die Leute auf die Showgirls regnen ließen; ich warf ein paar Pesos auf die Bühne und fühlte mich gleich darauf schlecht, als ein kleiner Junge zwischen den Beinen hin und her kroch, um die Münzen in eine Dose zu schaufeln. Und ich fühlte mich noch schlechter, als ich nach der Show vom Parkplatz fuhr; der Parkplatzwächter rannte zu meinem Fenster für sein Trinkgeld, aber ich hatte kein Kleingeld mehr und fuhr weiter, vorbei an seinen wedelnden Armen, auf die Avenue.

Was für eine Verschwendung, brummte ich, hielt das Lenkrad fest in den Händen, und starrte mit grimmigem Blick auf die verstopfte Straße.

Ich hatte sie in der hintersten Reihe entdeckt, und auch sie hatte mich offensichtlich erkannt, aber wir ließen uns Zeit, überlegten uns die richtigen Gesten und Sätze, mit denen wir einander begrüßen würden. Schließlich war ich einfach zu ihr hingegangen und hatte sie mit wiedererwachter Zuneigung umarmt. Während ich sie so hielt, fühlte ich, dass ich wirklich erwachsener geworden war. Ich hatte vorher nie mehr getan, als ihre Hand zu streifen – Moment, nein, das war nicht richtig; sie war unsere Genossin, aber Bennys Geliebte, und während ihr Aussehen – dunkel, nicht wie Nina – damals wie jetzt angenehm vertraut schien, war sie in unserer revolutionären Vergangenheit eine harte und energische Frau gewesen, Kassiererin und Buchhalterin unserer gemeinsamen Finanzen, die keine Gelegenheit ausließ zu beweisen, dass sie mehr wert war als das ihr anvertraute Geld. Ihr Glaube an das Volk und die Risiken, die sie dafür einging, hatten mich immer wieder in Erstaunen versetzt; sie hatte Vizepräsidenten von Banken und Kommunalpolitiker aufgesucht und ihnen, mit nicht geringem Erfolg, sowohl eine Zuwendung als auch etwas Verständnis ihrer eigenen Verantwortung für eine bessere Welt abgerungen.

»Verdammt nochmal«, hatte ich zu ihr gesagt. »Sie kaufen sich einfach einen Freifahrtschein, sie retten bloß ihre Haut.«

»Das mag sein, aber sie helfen uns damit, unsere eigene zu retten. Das ist doch was wert, oder nicht?«

»Was wert inwiefern? Kennst du diese Leute? Alles, was man tun muss, ist, sie an einen Stuhl zu fesseln, ihnen ein paar Werkzeuge vorzuführen oder ihnen die Autoschlüssel wegzunehmen, und bevor irgendjemand irgendwas berührt hat, schreien sie deinen Namen, egal, wer da zuhört. Du weißt, das ist genau das, was passieren wird.«

»Natürlich, du hast Recht, man kann der Bourgeoise nicht trauen. Aber Noel, ich will, dass sie sich wenigstens richtig schlecht fühlen, wenn das passiert.«

»Ach, aus Schuld entsteht dann Menschenliebe.«

»Nein, aber das eine macht das andere erst möglich.«

Und dann kam der Kaffee und wir schlürften ihn in aller Ruhe, erzählten uns abwechselnd von den letzten sieben Jahren, in denen sie mich zwei Mal gesehen hatte, wie sie sagte, aber sich nicht getraut hatte, auf mich zuzugehen, aus Angst, ich könnte sie abweisen, und in denen ich wiederum alte Genossen wiedergesehen hatte, wie ich erzählte, und sie nach ihr ausgefragt hatte, wobei ich erfuhr, dass sie wieder nach Hause nach Dumaguete gezogen war.

»Es war nicht viel besser dort, aber wenigstens konnte ich arbeiten.«

»Was hast du gemacht?«

»Ich hab als Kassiererin in einer Bank gejobbt«, prustete sie. »Schon vergessen, ich hatte Wirtschaft als Hauptfach.«

»Du könntest viel mehr erreichen als das Geld anderer Leute zu zählen. Falls du hier nach einem Job suchst …«

»Danke, aber ich bin gerne auf der Schule mit jüngeren Leuten. Ich fühle mich dadurch … wie soll ich es sagen … irgendwie überflüssig, und das ist eine Erleichterung für mich. Und die Magazin-Sache ist einfach ein Job, wenn auch nur in der Auslieferung. Ich zähle die Exemplare und pass auf, dass sie an die korrekten Lieferadressen gehen, je zwanzig in einem Paket, manchmal schnür ich sie auch zusammen, wenn sonst niemand da ist. Und dann spurte ich zur Schule. Es ist alles sehr aufregend.«

»Für einen Moment, heute Morgen, habe ich gedacht, du wärst Reporterin geworden.«

Ich lockerte meine Krawatte. Die Klimaanlage war aus und die Hitze hing schwer über uns, ich wünschte mir, statt Kaffee etwas Kaltes bestellt zu haben. Aber das war immer noch möglich. Laurie schien reden zu wollen.

»Nein, ich bin eigentlich gekommen, um dich zu treffen.«

»Warum erst jetzt?«, fragte ich.

»Ich brauche deine Hilfe. Ich glaube … ich glaube, Benny ist am Leben. Nein, bitte, bevor du irgendwas sagst, lass es mich erklären. Ich habe ihn nicht selber gesehen, nicht ein Mal in all den Jahren, und natürlich habe ich alle nach ihm ausgefragt, bis die Leute anfingen, mich für verrückt zu halten, so wie du mich vielleicht auch für verrückt hältst, und … ich habe aufgehört weiter zu suchen, schon vor langer Zeit. In Dumaguete war ich … ich war mit einem anderen Mann zusammen. Aber das ist jetzt vorbei. Es hat nichts mit dem hier zu tun. Außer, dass ich jetzt wieder hier bin. Und ich war glücklich, habe ein normales Leben geführt, bis mir jemand erzählt hat, dass Benny am Leben ist …«

»Wo am Leben? Wer hat dir das erzählt?«

»In einem Lager, irgendwo, keine Ahnung, sie verfrachten ihn ständig woanders hin. Aber irgendjemand hat ihn in Tarlac gesehen, da ist ein Militärlager. Ich bin sofort hingefahren, klar, aber sie haben behauptet, dass er nie da gewesen wäre. Sie haben mich übelst beschimpft.« Ihre Stimme war lauter geworden und einige Köpfe drehten sich in unsere Richtung.

»Laurie, Laurie, du solltest es eigentlich besser wissen und nicht allen Gerüchten glauben, du hast das alles doch schon mal gehört.«

»Ich vertraue meiner Quelle. Er ist ein alter Genosse, er ist immer noch dabei ...«

»Und du? Hast du immer noch mit diesen Leuten zu tun?« Ich wischte mir die Lippen mit einer Serviette ab.

Sie senkte ihren Kopf und zerknüllte ihre Serviette in der Hand; ich hatte Sorge, dass sie gleich auf mich losgehen würde, aber sie fasste sich und antwortete ganz ruhig: »Ist das wichtig?«

Ich brauchte etwas, um mir darüber klar zu werden, und dabei fühlte ich eine seltsame trockene Wärme in mir aufsteigen – etwas nicht ganz neues, aber dennoch aufregend in seiner Vertrautheit. Sei gnadenlos zu dir selbst, kein Opfer ist zu groß ... Menschen, keine Dinge ... In schwierigen Zeiten ... Das waren unsere Worte. Ich hatte sie auch selbst ausgesprochen.

»Aber warum vertraust du mir? Was, wenn ich dich enttäusche?«

»Dann würde ich mich schlecht fühlen, aber du dich auch.«

Als Jong und ich bei seiner Tante auftauchten, war das kein großer Grund zur Freude. Es war ungefähr neun Uhr abends, und alle waren zuhause aus Angst vor der Ausgangssperre, und sie starrten mich an, als ob ich gekommen wäre, um ihnen diese unbekannte neue Realität aufzuzwingen, das »Kriegsrecht«: Es bedeutete, dass zwei Leute mehr im Raum waren. Ich stand an der Tür, während Jong die Umstände unseres Aufenthaltes erklärte und mit ihnen darüber verhandelte. Jongs Tante beäugte mich misstrauisch.

»Er sieht nicht so aus, als würde er gerne hier bleiben«, sagte sie.

»Na, niemand ist gerne hier, oder?«, konterte Jong brillant, und die Kinder lachten, was uns alle etwas lockerer werden ließ.

»Ich kapiere nicht, warum ihr beide hier bleiben müsst«, sagte seine Tante – ihr Name war Nana Choleng. Jong und ich hatten uns eine Geschichte ausgedacht, wonach ich gerade frisch aus der Provinz angekommen wäre – sowas wie Davao, das weit weg genug schien, um unsere Notlage zu erklären. Jong selbst hatte an vielen Orten gelebt – ein paar Monate auch bei seiner Tante, bis zu seinem letzten Aufenthalt im Stadtgefängnis.

»Nur, bis er einen Job findet, Nana …«

»Ha! Das ist ein Witz. Einen Job, alles klar … hier, schau, was wir machen, und selbst das, naja … wir brauchen keine Hilfe. Es gibt ja auch nicht mehr Müll, verstehst du?«

»Ich kann mich selbst versorgen … ihr müsst meinetwegen nichts opfern … ich hab etwas Geld … wir können für das Essen was beisteuern.«

Jong zwinkerte Nana zu, um zu bestätigen, was ich gesagt hatte. Sie holte tief Luft und zuckte mit den Schultern.

»Aber ich trage keine Verantwortung, für keinen von euch«, sagte sie.

»Hast du eine Zigarette?« Es war der alte Mann, Nanas Vater, der die ganze Zeit während der Diskussion mit offenem Mund auf dem Boden gelegen hatte.

»Hab ich«, sagte Jong und zog eine Packung Champions mit blauem Siegel aus seiner Tasche. Er zündete dem alten Mann eine an und dann eine für sich.

»Sei bloß vorsichtig«, sagte die älteste Tochter. »Er wirkt den ganzen Tag wie tot, aber seine Hände werden nachts so lebendig wie Eidechsen!«

»Du hältst den Mund«, sagte Nana Choleng.

»Ihr seid willkommen … es kann hier ganz lustig werden, manchmal«, sagte der Großvater durch den Rauch.

»Du hältst jetzt auch den Mund!«

Jong nahm mich mit auf einen der Hügel am nächsten Tag. Ich hatte meine Sneaker an; Jong hatte sich Gummistiefel geliehen, sie waren der einzige Schutz der Sammler vor den glitzernden Kanten von Millionen Scherben, und vor der Brühe aus verschimmeltem Abfall, der sich unter alten Zeitungen sammelte. Wir hatten noch nicht mal den halben Weg zurückgelegt, da waren meine Schuhe schon schwarz und grün vor Dreck; wir behalfen uns mit spitzen Gehstöcken, die uns vor dem Ausrutschen bewahrten. Mir war leicht schwindlig, was wahrscheinlich am Schlafmangel und am Hunger lag. Das Frühstück hatte aus einem dünnen Kaffee und einem eigroßen Stück *pan de sal** bestanden. Ich überlegte, einen Teil unseres Geldes in Lebensmittel für die Familie zu investieren, als Miete sozusagen.

»Sardinen vielleicht, ein paar Dosen«, sagte ich zu Jong, der vor mir einen schmalen Weg frei trampelte. Wir ernährten uns im HQ fast nur von Sardinen – tatsächlich sind es Makrelen in Dosen mit Tomatensauce, aber für jeden, von Batanes bis Tawi-Tawi, sind es Sardinen. Es war unsere Version von japanischer Küche; die philippinischen Gewässer waren übervoll mit Fisch, aber japanische Trawler holten so gut wie alles aus dem Wasser, und wir bekamen unsere Sardinen zurück in 150-Gramm-Dosen, etikettiert mit dem Label »Product of Japan«.

»Was passt dir nicht mit dem Essen?«, fragte er, um mich zu ärgern.

»Es ist nicht genug.«

»Es ist nie genug.«

»Ich glaube, sie erwarten von uns, dass wir ihnen helfen.« Der Müll roch auf einmal nach verbrannten Mangos.

Jong stockte kurz.

»Ich glaube, sie erwarten von uns, dass wir ihre Hilfe annehmen.«

Jong ging weiter. »Weißt du, Nana Choleng, sie war früher Schneiderin. Vielleicht können wir ihr ein paar Stoffe besorgen für die Kleinen.«

Von der Spitze des Hügels konnten wir durch den Rauch die blaugraue Bucht und die strahlend weißen Hotels und Bürogebäude entlang des Roxas Boulevard sehen. Die US-Botschaft war zu niedrig, um sie sehen zu können, aber ich wusste, dass sie da war, vor dem Dutch Inn und hinter dem Army-Navy Club, Gebäude, auf die wir während der Demos gestarrt hatten; ich erinnerte mich daran, über ein Mädchen aus den USA namens Sue gelesen zu haben, die sich in der Toilette des Dutch Inn in den Mund geschossen hatte, und ich dachte damals, warum ist sie nicht einfach über die Straße gerannt, und hat sich Hilfe geholt, sind Botschaften nicht dazu da, ihren Leuten zu helfen? Es könnte in genau diesem Moment des Nachdenkens passiert sein, dass, von irgendwo aus dem obersten Stock des Shellborne Hotel, eine 400 mm-Linse mein Gesicht einfing, zusammen mit Lauries Gesicht und einem halben Dutzend anderer. Ich sah später eine Vergrößerung in meinem Dossier und wünschte mir, ich hätte einen Abzug.

»Woran denkst du?«, fragte Jong.

An Sue. »An deinen Großvater«, sagte ich. »Er ist doch dein Großvater, oder?«

»Ich glaube schon, aber vielleicht auch nicht«, sagte er, ohne das geringste Bedauern. »Er war immer da, solange ich mich erinnern kann. Er war aber nicht immer schon so gebrechlich. Er ist früher Boxer gewesen, sagt er … als Magsaysay Präsident gewesen ist. Dann wurde er Kutscher, zu der Zeit kam ich in die Familie, und er nahm mich einmal mit, in seiner *calesa**, den ganzen Weg bis Navotas. Vielleicht können wir da mal hin in der nächsten Zeit. Wir könnten Fisch holen.« Navotas war ein nahe gelegener Hafen in der Bucht, wo, immer kurz vor Sonnenaufgang, die Fischer ihren Fang vor Großhändlern ausbreiteten; die Händler benutzten für ihre Geschäfte komplizierte Handzeichen, und Jahre später, im amerikanischen Mittleren Westen, bildete ich mir ein, dass Baseballspieler aufgeregt um Wannen voller Makrelen feilschten.

»Ich dachte, wir kaufen keine Sardinen.«

Jong seufzte. »Du hast recht.« Ganz nebenbei bekamen die Ärmsten der Armen in Manila ihren Fisch ganz zum Schluss, wenn die Märkte zumachten, oder vom *talipapa*, dem freien Kleinhändlerbasar in der Nachbarschaft, oder vom Hausierer, der die Fische und Muscheln von Tür zu Tür schleppte.

»Du hast deinem Großvater die ganze Packung Zigaretten gegeben.«

»Stimmt. Aber er hatte wahrscheinlich seit Wochen nichts zu paffen. Nana Choleng wird ihm sicher keine kaufen.«

»Arbeitet er denn gar nicht mehr? Ist er krank?«

»Sein Rücken ist hinüber. Er hat zu viel mitgemacht.«

Zehn Jahre nach dem Verlust seines Pferdes und der Ausrüstung beschloss der Großvater, Clodualdo, Kid Waldo, die Straßen unsicher zu machen mittels einer Flasche Si Hoc Tong, billigem chinesischen Wein, so dunkel und faulig wie der Schlamm der *esteros*. Er beschimpfte Fußgänger, traktierte Autofahrer an der Ampel für ein bisschen Geld, spuckte auf die flüchtenden Autos, führte den Vorsitz über einen elenden Haufen von Gammlern und Bettlern. Kid Waldo war klein, aber schnell; er hätte Tänzer oder gar Torero sein können, so, wie er um die Jeepneys und Limousinen tänzelte, die sich in den granitgepflasterten Straßen dieses alten Viertels von Manila stauten. Es war sein Knurren, das sie einschüchterte: Er schob sein Gesicht so nah wie möglich zum Fahrer oder gleich platt auf die Fensterscheibe, zog die Lippen zusammen, um den Schlitz seines Mundes zu zeigen, fixierte mit den Augen den schneeweißen Kragen des Fahrers, oder noch besser, den Hintern der Frau oder Tochter, und bewegte dann seine große Pranke in Richtung des offenen Fensterspalts oder klopfte an die Scheibe, während die andere Pranke den Türgriff festhielt. Er forderte den Lohn für seine Anstrengungen: »Einen Peso!«, fauchte er, und nahm eine klägliche Fünfundzwanzig-Centavo-Münze so verächtlich entgegen, wie sie geworfen wurde, hämmerte danach zum Dank noch heftiger auf das Dach. Er blieb unsichtbar für den Verkehrspolizisten, wer immer auch gerade Dienst hatte; am Ende eines Tages trafen sich die Polizisten mit den Schnorrern in der Bar an der Ecke, und teilten sich die Einnahmen fifty-fifty.

Aber irgendwann stumpften sogar seine Drohgebärden ab, und seine Ausflüge reduzierten sich auf ein wildes Herumschlagen auf Autos, die ungestraft an ihm und der Ampel vorbeirasten. Doch dank seiner ausgeprägten Scharfsinnigkeit kam Kid mit einem atemberaubenden Plan um die Ecke, um seine Tollkühnheit ein weiteres Mal zur Schau zu stellen. Und es funktionierte tatsächlich einige Male.

Er versteckte sich in einer kleinen Gasse, die von einer Einbahnstraße gekreuzt wurde; hier war der Verkehr langsam und gleichmäßig, sodass sie an einem wuseligen Abend einen kurzen friedlichen Augenblick zum Luft holen bot. Einen friedlichen Augenblick, es sei denn, du warst einer von Waldos Auserwählten, denn dann, nach dem Handzeichen eines Komplizen, warf oder rollte sich Waldo aus der Gasse vor dein Auto, sodass du nur noch hart auf die Bremse treten konntest. Und ganz plötzlich hattest du einen zerquetschten alten Mann unter deinen Vorderrädern und an deiner Backe. Natürlich hatte der alte Meistergauner noch ein paar alte Tricks auf Lager, und während er da angezählt auf dem Asphalt lag, rechnete er sich bereits insgeheim sein Geld aus. Sein Komplize eilte dann zu Hilfe, bezeugte den

Unfall und schrie nach der Polizei; dann würde Waldo darum betteln, stattdessen ins Krankenhaus gebracht zu werden, und sie würden sich alle in das Auto quetschen, während Waldo seine diversen Verletzungen betastete, seine großen Schmerzen zum Ausdruck brachte, und sein Komplize plusterte die Sache noch weiter auf, bis der einfache und geniale Einfall einer schnellen und sauberen Lösung den Weg in den Mund des Komplizen oder des Gehörnten fand – und Kid Waldo und sein Kumpel kamen aus der Sache raus mit etlichen hundert Pesos mehr in der Tasche für Si Hoc Tong und Mercurochrom.

Jong wusste das alles; er hatte zweimal den Späher gemacht. Beim dritten Mal haute sein Großvater eine eimergroße Delle in die Motorhaube eines Volkswagen, gesteuert von einem Polizei-Corporal, der gerade nicht im Dienst war; der Corporal stieg aus dem Auto und trat Waldo heftig ins Kreuz, als Zugabe sozusagen, und wäre Jong nicht zur Stelle gewesen, hätte er ihn noch weiter traktiert. Aber Jong gab dem Bullen alles, was Waldo in den Taschen hatte – seine letzten zwanzig Pesos oder so –.

Waldo quälte sich durch eine lange, harte, weinlose Nacht und durch die folgenden, noch schmerzhafteren Nachwehen, als sich sein Körper wieder zusammenfügte, von ganz alleine und ohne Aussicht auf Besserung. Deswegen lag Kid Waldo, als die Brandbomben Tambakan vernichteten, auf seinem Rücken. Er stand nie wieder auf, und keiner der alten Gefährten in seinen Straßen und Ecken trauerte ihrem Kid nach.

Wir warteten fünfundvierzig Minuten beim Happy-Q-Mart darauf, dass Benny aufkreuzte. Wir nahmen ein paar Sardinen mit nach Hause, sehr zur Freude aller, und wiederholten die Übung am nächsten Tag, und dieses Mal brachten wir ein Glas Guavenmarmelade mit, die genauso freudig empfangen wurde, aber als Benny auch am dritten Tag nicht auftauchte, taten wir nicht mehr so, als seien wir bloß einkaufen gewesen, und stießen, als wir mit nichts in den Händen nach Hause kamen, auf fassungslose Gesichter.

»Pura«, sagte Nana Choleng zur ältesten Tochter, »du gehst jetzt besser hoch auf den Berg und gräbst uns etwas Zucker aus.« Dann ging sie ins Badezimmer, das war ihre Methode, Widerworte zu verhindern, nachdem sie ihren Teil gesagt hatte.

»Jong«, sagte ich, nachdem Nana Choleng weg war, »ich denke, wir sollten etwas politische Arbeit leisten, und zwar genau hier.«

»Nur los, du bist ja der Mann für Propaganda.« Jong und ich hatten darüber gesprochen, ob wir seinen Leuten die Wahrheit über uns erzählen sollten, aber Jong wollte das nicht; er befürchtete, sein Großvater würde uns verraten – oder zumindest mich, für eine Kiste Champignons. Jong hatte bereits mit Pura, seiner Cousine, geredet. Sie hatte die Highschool im zweiten Jahr verlassen, hoffte aber immer noch, Krankenschwester oder Lehrerin werden zu können. Ich hörte Jong, wie er Pura von seiner Zeit in der Stadt und im Gefängnis erzählte, und dann von unserem Leben im Headquarter, und von dem Seelenfrieden, der in ihm aufkam, als er verstand, dass sein Unglück von fremden Dämonen und deren hiesigen Helfern herrührte und nicht von seiner Mutter oder gar seinem Großvater, der selbst einer zerstörerischen Gier zum Opfer gefallen war.

Jong brachte Pura und ihren Geschwistern ein revolutionäres Lied auf der Gitarre bei, ein Lied über Trauer und Tod, das von allen unseren Liedern das sanfteste war, und sogar ich sang mit und fragte mich dabei, was so friedvoll daran war, einen ums Leben gekommenen Genossen zu besingen: *»O sorrowful night, of deepest darkness / He gave his life / For you, his people …«* Wir hatten es zuletzt beim Trauermarsch für Delfin Lavares gesungen, dessen strahlende Aura Benny so gut auf seinem Poster eingefangen hatte.

Und jetzt mussten wir uns auch um Benny sorgen, der irgendwo da draußen steckte in der sich häutenden Stadt. Er wirkte immer selbstbewusster und gedankenschneller als jeder von uns oder wir beide zusammen, und wir beruhigten uns mit dem Gedanken, dass er sich mit Laurie verbündet, sie im Schnelldurchgang in alle geheimen Abläufe, von denen wir nur vom Hörensagen wussten, eingeweiht hätte und mit ihr in ein Versteck auf dem Land geflüchtet wäre, von wo aus sie und ihre zu allem entschlossenen Anhänger die Stadt umzingeln und uns, ihre Waisenkinder, aus unserem Jammertal befreien würden. Tu es am Besten jetzt, Benny, solange du kannst. Draußen in den Straßen erlernten die Zeitungsjungen ganz neue Ausrufe, passten ihre Stimmbänder den neuen Titeln der vom Regime lizensierten Zeitungen an – »Tiiimmes Journaaal«, »Bulletin Todaaayyy!« –, und eine gewisse Selbstgefälligkeit sickerte langsam ein, eine Geborgenheit in der propagierten Ruhe und nationalen Widerstandsfähigkeit, die alle Schicksalsschläge wirkungslos erscheinen ließen, genau so, wie es in »Japanischen Zeiten« gewesen war, Mandoy Imoys Ruhmeszeit. Also war Benny vielleicht sicher, hatte sich eine neue Tarnung zugelegt und sichere Wege aus seinem Versteck gefunden.

Später würde Benny erzählen, der größte Schreck aus dieser Zeit sei für ihn gewesen, dass er in dem Moment, als die Geheimpolizei durch die Tür der Wohnung brach, die wir vorher verlassen hatten, geglaubt hatte, Laurie sei die Verräterin. Er hatte die Pistole in der Hand, auf die Tür gerichtet, doch dann dachte er plötzlich: Was, wenn Laurie das Kommando anführt? Er würde eine Erklärung von ihr haben wollen, und dafür war er bereit, ein bisschen länger zu leben, und ließ sich von einem Agenten der Geheimpolizei mit weißem Halstuch (so ausgestattet, um Irrtümer während der Razzia zu vermeiden) eine Kugel in die Schulter jagen.

Ich sah Benny beim Wah Fung-Restaurant. Es war die Woche nach Weihnachten, und ich war wieder nach Hause gegangen, trotz Jongs Warnungen, um meine Familie für ein paar Stunden zu sehen. Mein Vater schien erleichtert, meine Mutter weinte, Jimmy war weg, Billard spielen, und meine Schwester Thea – geboren im zweiten Jahr von Marcos' erster Präsidentschaft – erkannte keinerlei Veränderung an mir, den sie sowieso kaum je zu Gesicht bekommen hatte. Ich war nach Hause gekommen und musste wieder los, als all die Umarmungen und das Flüstern zu einem Streit anzuschwellen drohten; ich haute ab, während wir zu benommen waren, uns gegenseitig mit der schwer nachvollziehbaren Logik der Familienzugehörigkeit zu übertrumpfen – du gehörst hierher / ich habe jetzt eine größere Familie / sie lieben dich nicht so sehr wie wir / es geht nicht um Liebe, sondern um den Krieg des Volkes / wir gehören auch zum Volk –, und genau das taten sie und auch ich, weshalb ich ja auch das Risiko auf mich genommen hatte, sie zu besuchen: Das ging mir durch den Kopf, als ich die Epifanio de los Santos Avenue überquerte, und dann den Aurora Boulevard, bekannte Straßen und Schritte, die mir wegen der nötigen Vorsicht und Tarnung fremd erschienen. Es war kurz nach sechs, und die Lichter gingen langsam an. Eine Eiskunstlauf-Show aus dem Ausland spielte das siebzehnte Jahr hintereinander im Araneta Coliseum, einst die größte Arena der Welt und Gastgeberin von Junior-Leichtgewicht-Weltmeisterschaften, Harry Belafonte, den Herman's Hermits und dem »Beatles of the Philippines Bandwettbewerb '66«.

Es war das Eis, das mich am meisten fasziniert hatte, als ich, ein kleiner Kerl, zum ersten Mal die Maschinen sah, die es glatt bürsteten auf demselben Boden, auf dem im Sommer Basketball-Shows veranstaltet wurden. Das Eis glänzte im Scheinwerferlicht, und als die Eisläufer in Reihen darauf glitten und sich der Mitte zu in gespiegelte Kurven, Pirouetten, und federleichte Sprünge aufteilten, fühlten wir uns versetzt in die Welt unserer fernsten Träume, wo die Luft kalt, alle Bewegungen leicht und glitzernde Kostüme normal waren, eine Welt, die sich zu Disney-Musik bewegte und hinter Vorhänge zurückzog, begleitet von tosendem Applaus. Als wir die Arena verliessen, war das Einzige, was es zu sehen gab, die rauchenden Lampen der *siapao-* und *balut**-Verkäufer, und unsere Füße traten wieder auf Reste von Dumplings und Schalen von Enteneiern.

Ich verspürte den Wunsch, eine Karte für die Show zu kaufen und die Eisläufer noch einmal zu sehen – ein Anflug romantischer Gefühle, der sicherlich bald bestraft werden würde –, aber ich musste zu einer bestimmten Zeit zurück bei Jong sein und verschwendete keine weitere Zeit mit solch hochtrabendem Wunschdenken. Ich steuerte auf das Wah Fung-Restaurant zu, weiter unten auf dem Boulevard.

Es gab viele andere und bessere Nudelläden, aber das Wah Fung hatte die treueste Kundschaft: Versicherungs- und Immobilienmakler, Ehefrauen auf Shoppingtour, angehende Ingenieure, Ex-Bullen, Pfandleiher und Außendienstler für Pharmazeutika. Es war ein günstiger und solider Laden mit harten Holzstühlen, die um funktionale Tische mit pflegeleichten Kunststoffplatten postiert waren. Rosa und gelbe Papierservietten wurden großzügig verteilt, in Blechklammern gestopft und an der Spitze gedreht, um das Rausziehen zu erleichtern. Die grüngestreiften Teller und Saucieren waren alle einen halben Zentimeter dick, genauso wie die Tassen und Gläser, letztere verziert mit großen Luftbläschen, die beim Pressen eingefangen worden waren. Die Gäste und Kellner bewegten sich in einem hartnäckigen, grünschimmernden Dunst, bedingt durch die schwach leuchtenden Glühbirnen, den Dampf der Töpfe voller Hühnerbrühe, Zigarettenrauch, tierischen Schweiß, die kahlen Wände, die Ausdünstungen menschlichen Verlangens, jedem Schnellimbiss gleich, alles in die Nudeln gewirbelt durch dünnblättrige Ventilatoren, die bis auf einen halben Meter oberhalb der Köpfe herunterhingen. Die Kellner trugen weiße Hemden mit roten Fliegen, aber der Koch, der die Nudeln bearbeitete, zerschnitt diese mit einer Gartenschere. Ungeachtet dessen profitierte das Wah Fung sehr von der Popularität seiner *mami*-Eiernudeln, getaucht in eine heiße, klare Brühe und getoppt mit Hühnchen- oder Rinderstreifen und Zwiebeln. Die *mamis* vom Wah Fung waren nicht verziert mit diesem komischen Schnickschnack der neumodischen Nudelläden – das Wah Fung war kurz nach dem Krieg gegründet worden –, aber es war in der Klarheit seiner Einrichtung und Gerichte eine Institution, und war so in vielen Geschichten verewigt. Die eindrücklichste Geschichte war jene, dass das Wah Fung ein munteres Nebengeschäft mit Katzen und anderem minderwertigen Fleisch betrieb, dass Teile von Katzen in jeder Form und Farbe im Mülleimer des Wah Fung zu finden wären. Tatsächlich fehlte dem Wah Fung die für China-Restaurants typische Dekoration in Form von gedämpften und geschmorten Enten, die an ihrem Hals im Schaufenster hängen. Meine Mutter hielt diese Geschichten für wahr und weigerte sich jahrelang, auch nur einen Fuß in das Wah Fung zu setzen, bis ich, an einem Tag mit Freigang aus dem Gefängnis, sie darum bat, mich dorthin zu bringen. Eine andere Geschichte, der mehr Glauben zu schenken war, besagte, dass die Besitzerfamilie aus ihren Nudeln ein millionenschweres Imperium entwickelt hätte, das ein Haus bei den Corinthian Gardens mit fünf Meter hohen Eisenzäunen, eine Hühnerfarm (oder doch Katzen?) in Bulacan, eine Spedition »Überall hin in Luzon«, und Internate in der Schweiz für den Nachwuchs umfasste.

»Frohes Neues Jahr« wünschte das Wah Fung in Buchstaben aus roter Glitzerfolie, prominent am Schaufenster platziert. Es war kein »echtes« Neues Jahr für die Chinesen, sie feierten ihr richtiges Fest einen Monat später mit Gratis-Stückchen von Mondkuchen für ihre Stammgäste.

»Noel. Hier bin ich, Noel«. Ich bildete mir ein, diese Worte von irgendjemandem hinter dem Spruchband gehört zu haben, ich konnte nicht sagen, wer, irgendjemand klopfte an die Fensterscheibe, ein Gesicht unter vielen an einem Tisch, allesamt unbekannt. Ich betrat das Restaurant, ohne weiter nachzudenken, und sah Benny am Fenster sitzen. Sie gackerten in ihre Nudeln über einen Witz, den einer von ihnen gemacht hatte, bevor ich um die Ecke gekommen war. Das waren die Nebenwirkungen, wenn Leute an glücklichere Zeiten in ihren Leben dachten, während sie unter der jetzigen litten. Das waren oft Momente großer Nachdenklichkeit, gar nicht unbedingt provoziert durch den Witz selbst, für alle spürbar, während sie gleichzeitig nur halb anwesend waren, die Spiele ihrer Kindheit spielten, allen Widrigkeiten trotzten.

»Das kann nicht so schlimm sein wie damals, als ...«

»Benny.«

Er lächelte mich an, aber seine Augen waren getrübt von so etwas wie einem langanhaltendem Schock, und als er seine Hand zum Gruß hob, brachte er nicht mehr zustande als ein Wackeln mit drei Fingern, wie ein Pfadfinder oder ein Jesus, und es schien, dass er etwas sagen wollte, aber nicht wusste, was: Ein »Aah ...« formte sich auf seinen Lippen.

»Wer ist das? Kennst du ihn?«, fragte der Mann direkt neben Benny. Dieser Mann hielt Bennys Arm oberhalb des Ellbogens fest; daran kann ich mich noch sehr gut erinnern, dieser schnelle, feste Griff und das abrupte Ende des »Aah ...« aus Bennys Mund. Das Gelächter um Benny schwoll ab, obwohl der Kerl in der Mitte nicht aufhörte, seine Geschichte weiterzuspinnen. Er sah aus wie um die vierzig, mit Igelfrisur und einem haarigen Leberfleck auf der Wange, an dem er mit den Fingern herumspielte, während er sprach. Er war groß gewachsen und musste den Stuhl vom Tisch wegrücken, um seine Ellbogen darauf platzieren zu können. Sein T-Shirt ging nicht ganz bis zur Hüfte, und ein breiter Streifen von dunkelbraunem Speck glänzte oberhalb des Gürtels hervor. Der Mann direkt vor mir war deutlich jünger und sah aus wie der Laufjunge eines chinesischen Supermarkts, mit fahlen Wangen, langen Haaren, einem scharfen Blick, auf mich gerichtet, und dicken Lippen, die Rauch über dem Tisch verteilten, während er sich umdrehte. »… Sarge und ich kennen dieses Mädchen in Cebu, eine Masseuse im Finlandia, die uns …«

»Wer ist das?«

»Wer …«

»Gimo, halt ihn …«

Der Jüngere krallte die Finger an die Tischkante, der Körper gespannt, zum Aufspringen bereit.

»… keinen blasen wollte … was? Wen?« Der große Kerl fasste sich an die Hüfte, als ob er sich kratzen wollte.

»Den da!« Sein Griff an Bennys Arm war noch fester geworden und Benny fiel zurück in seinen Stuhl. »Wer ist das? Gimo, hol ihn dir, ja, der Typ, der gerade durch die Tür rein ist!«

Gimo stand auf; ich wich zurück; der große Kerl zog eine Knarre raus, mit finsterem Blick, anscheinend böse darüber, dass er seine Anekdote unterbrechen musste.

»Ich kenne ihn nicht. Er ist niemand. Ich hab mich geirrt …«

»Er hat deinen Namen gesagt!«

»Wer …«

Ich war mit einem Fuß draußen, als Benny schrie, und lief in einen Priester hinein, der gerade zur Tür reinkam; meine Schulter haute ihm in die Brust, und er taumelte rückwärts. Ich glaubte, ihn auf den Boden geschickt zu haben, hatte aber nicht die Zeit, mich umzudrehen. Ich fühlte eine Hand an meinem Hemd, und stoppte ganz kurz, damit sich der Stoff etwas entspannen und ich ihn mit einem plötzlichen Ruck losreißen konnte; ich sah den Priester, der sich an mir festklammerte mit wahnsinnigem Eifer in den Augen, Gimo einen Schritt hinter ihm. Ich trat dem Priester zwischen die Beine, und seine Hand löste sich mit überraschender Leichtigkeit. Ich rannte auf den Boulevard. Menschen, Autos, noch mehr Menschen, noch mehr Autos. Verkäufer, Polizisten, Autofahrer, Fußgänger, sie werden mich verfolgen, werden glauben, ich sei ein Dieb. Schüsse. Holt ihn euch! Verdammt, dieser Gimo ist schnell, der hat mich bald. Eine hohe Verkehrsinsel ragte bedrohlich vor mir auf und ich fixierte ihre Spitze, hievte mich über und durch das Geländer wie der Held in einem Actionfilm. Genau wie in diesen Filmen, doch das ist kein Film, das ist das echte Leben und der echte Tod, oh Gott oh Gott, wie hoch standen die Chancen, glücklich und in Sicherheit zuhause aufzuwachen oder von mir aus bei Jong oder oben auf einem Berg und alles, alles überblicken zu können, ich hab mir die Hände verletzt, sie sind zerschnitten, das Geländer auf der Insel, und auf einmal wird alles sehr merkwürdig. Ein VW-Käfer tuckerte an mir vorbei in Richtung der Ampel und bremste dann scharf ein paar Meter davor; andere Autos und Jeeps hielten an, verdichteten die Barrikade. Auf der anderen Seite des Boulevards waren die Kinosäle vom Cubao, und ich hoffte, mich in einem davon zu verlieren. Robert Redford, der wilde »Jeremiah Johnson«, tote Indianer im Schnee, freie Platzwahl, meine Hände schmerzten. Meine Füße berührten den Bordstein auf der anderen Seite und ich rutschte fast auf dem Wasser aus, das aus einem der Restaurants oder irgendeinem anderen Laden auf den Gehweg sickerte. Knallrosa Blitze schwammen auf dem Gehweg, gespiegelte Neonlichter aus irgendeiner Kaschemme, und ich hüpfte über sie drüber, rempelte die Leute an, um nicht hinzufallen, in Richtung der Eingangshalle, zu Jeremiah und irgendeiner Hintertür in eine dunkle Seitengasse.

»Hey …«

»Stoppt ihn!«

»Ich bin an ihm dran, Gimo, geh und hol Sarge!«

»Tut mir leid …«

Ein Schuss. Glas zersplittert ganz nah bei mir, und ich höre Geschrei von der Kasse, die Halle funkelt vor Glassplittern, und vom Fahrstuhl aus sieht sie aus wie der Sternenhimmel dieser einen Sommernacht in Kangleong, als ich glaubte, die Magellanischen Sternenwolken mit bloßen Augen sehen zu können, ich hole tief Luft und weiß in diesem Moment, ohne dass ein weiterer Schuss nötig ist, dass Benny und Jong und Laurie und Nina und Estoy und all die anderen Mutter Vater Bruder Schwester Robert Redford, all diese Namen für mich keine Bedeutung mehr haben.

»Keine Bewegung.«

## KILLING TIME IN A WARM PLACE

Nein, Jong, ich habe dich nie verraten, auch nicht Benny, auch sonst keinen außer mich selbst. Und das lag nicht daran, dass ich außergewöhnlich tapfer war. Es gab einfach nicht allzu viel zu erzählen, und sie wollten eigentlich nur, dass ich zugab, was sie bereits wussten, man konnte es in ihren Aufzeichnungen sehen, in ihren Gesichtern, und somit habe ich einfach Glück gehabt, und ihr auch, zumindest für den Moment. Ich war als Letzter an der Reihe in einer Schlange von »Inhaftierten«, die sich im Durchgangslager aufstellte, vor einem speziellen Raum mit dem Namen »Sperrbereich«, und je kürzer die Schlange wurde, desto verzweifelter wurde die Lage, wegen all der dumpfen Schläge und Schreie, die nach draußen in die bereits verpestete Luft drangen. Niemand kam da raus, wo er reingegangen war, weil es einen anderen Ausgang in einen anderen Trakt gab, oder, da wir es zu der Zeit nicht besser wussten, in ein Krankenhaus, eine Leichenhalle oder ein Krematorium für die schnelle Entsorgung von verbrauchten Taschentüchern. Als ich schließlich dran kam, waren meine Nerven zu Brei geworden, aber sie beruhigten sich wieder, denn »sie« waren ein kleiner Geheimdienstoffizier mit Halbglatze, der hinter einem Schreibtisch saß, einen

Stapel Aktenordner zu Füßen, eine Schreibkraft, ein Soldat in T-Shirt mit dicken Augenringen, und eine Ordonnanz oder vielleicht einfach ein Hausmeister, der den Boden wischte. Sie alle schwitzten trotz der dicken Dezemberwolken, und der Offizier klopfte gerade eine Zigarette aus der Packung in die Hand des Soldaten, als ich eintrat, nachdem mein Name ausgerufen worden war. Die Ordonnanz verließ den Raum und kam zurück mit einer Flasche Cola für den Chef, eine Flasche so taufrisch, dass die Kohlensäure noch nach oben blubberte, als die Ordonnanz sie neben meine Akte auf den Tisch stellte. Sie ignorierten mich eine weitere Minute, badeten im süßlich riechenden Rauch, bis der Offizier mich, überflüssig, aber präzise, nach meinem vollen Namen fragte. Und so sagte ich (ich stand weiter vor ihm, da es für den Befragten keine Sitzgelegenheit gab) »Noel Bulaong«, und er blickte hoch und fragte, ganz kurz, »Y?« Ich starrte ihn an und konnte in seinen trüben Augäpfeln das dringende Bedürfnis nach Schlaf erkennen, aber da irrte ich mich, denn er haute plötzlich mit seiner Handfläche auf den Tisch und fragte mich wieder: »Y?« Erst dann kapierte ich, dass er nach meinem Namen in der komplettesten und formellsten aller Formen fragte, ein geradezu anmutiges Aufklingen unserer alten spanischen Umgangsformen, dass mit »y?« »und?« gemeint war, und er den Familiennamen meines Großvaters mütterlicherseits wissen wollte. »Ilustre« krächzte ich. Noel Bulaong y Ilustre. »Deckname?« Deckname Denk-dir-was-aus, dachte ich bei mir; ich hatte keine weitere Deckung außer dem ehrenhaften *Ka**, das wir alle vor unsere christlichen Namen setzten, wenn wir einander mit einem feierlichen Hauch begrüßten: »*Ka* Noel«, Genosse Noel.

Legen Sie Rechenschaft ab, Genosse Noel.

Und ab da, ganz ehrlich, kann ich mich nicht mehr genau erinnern, was sie fragten oder ich noch weiter erzählte, außer dass ich ihnen alles gesagt haben muss, was sie über mich wissen wollten, denn sie schienen zufrieden, waren sogar sanftmütig bei ihrem Drängen, mich zu einem Geständnis zu bewegen, nach dem ich, wie es ihre Informationen und Fotos belegten, ein Kader der Kommunistischen Partei sei, und ich muss gesagt haben, nun, ich wäre froh, einer zu sein, dass sie mich aber erwischt hätten, bevor ich diesen fast göttlichen Status hätte erklimmen können. Mit anderen Worten, ich war ein kleiner Fisch, zweitklassiges Material, zu unbedeutend, als dass mir auch nur der Name eines höheren Kaders anvertraut worden wäre. Und dann stockte mir der Atem und ich starrte nach oben an die schimmlige Decke, und meine Haare fühlten sich an, als wären sie am Fußboden festgezurrt durch den Griff des Soldaten. Ich spürte, wie kalte, schlanke Finger in meine Nase, meine Lungen eindrangen, und die Flut und das Stechen von Kohlensäure ließ mein Hirn aufschwemmen, als sich die Cola über mich ergoss.

Ich hab dich nicht verraten, Jong, aber sie haben dich trotzdem gekriegt, du Dummkopf, du hättest aus Tambakan abhauen sollen, nachdem ich nicht zurückkam, oder hast du diesen Ort so sehr geliebt oder so wenig von mir gehalten, dass dir klar war, ich würde es in dieser trügerischen Weihnachtszeit nicht schaffen wieder aufzukreuzen, all der vor sich hin brütende Müll würde mich zurück zu meinem früheren Ich treiben?

Manchmal nehmen sie Eis. Sie schleppen einen Block davon in den Raum – ein Block von der Größe, die früher von Lastwagen an die Geschäfte in der Nachbarschaft geliefert wurden, bevor es Eiswürfel in Plastiktüten gab –, und sie lassen ihn da liegen, während der Häftling mit verbundenen Augen in einem anderen Raum zurecht gemacht wird. Die Klamotten werden heruntergerissen, und – trotz der Heulerei und des Gewimmers oder, diese Fälle sorgten sowohl für Verblüffung als auch für eine besondere Herausforderung seitens des Peinigers, der wütenden Raserei, die aus den zerschlagenen Mündern herausplatzte – er oder sie werden in den Raum mit dem Eisblock geführt, und ohne die geringste Andeutung, was als nächstes passieren wird, müssen er oder sie stehen bleiben, werden verhört, wird zwischen die Beine getreten, für eine Stunde oder so, bis die Knie vor Erschöpfung und der Kälte hinter ihnen nachgeben, und dann, da die Peiniger das Zittern, den Verrat am eigenen Körper mitbekommen haben, kichern sie freundlich und nicken sich zu, und einer, vielleicht der Chef höchstpersönlich, wird mit den Fingern schnipsen und zu der Person neben ihm sowas sagen wie: »Santiago, was sind wir doch für schlechte Gastgeber, schau, wie müde dieser Mensch ist, hol einen Stuhl von irgendwo … ja, der passt.« Dann wird er oder sie auf den Eisblock gesetzt, wird darauf sitzend dazu gebracht zu lügen, fünfzehn Minuten lang oder eine Stunde, je nachdem, wie lange es dauert, bis das Eis, oder der Mensch, zerschmolzen ist.

Das war Jongs Geschichte, als wir uns in Camp Sunflower wiedersahen. Sie hatten noch andere Dinge mit ihm angestellt, aber das Eis hatte besonderen Eindruck auf ihn gemacht, da er sonst nur extreme Hitze gewohnt war. Benny trafen wir damals nicht und auch dann nicht, als wir alle aus dem Gefängnis entlassen wurden und uns aus den Augen verloren.

Dreizehn Jahre später fand ich in meinem Briefkasten in Elmira einen Brief von Laurie zusammen mit einer gefalteten Seite des Philippine Dairy Inquirer – wieder eine neue Zeitung in einer wieder neuen Zeit. Marcos war abgesetzt worden und lebte auf Hawaii, meinen Vizeminister hatte er mitgenommen. Ich sah die Menschenmengen in der EDSA* und im Luneta-Park auf zwei Dutzend Sony-Trinitron-Fernsehern im Sonderangebot der hiesigen Mall, und überlegte, ob ich ein bekanntes Gesicht entdecken würde, wobei ich mir vorkam wie dieser Agent auf dem

Dach damals; aber ich sah Großmütter und sogar Kinder, die sich den Panzern entgegenstellten, und auch die riesigen Stapel von Dossiers, die für sie angefertigt werden müssten, und ich sah die schiere Größe von allem in diesem Moment – Kraft, Entfernung, Erinnerung, Erlösung –, und entschied, dorthin zu fliegen und die überschäumende Freude und das Glück dieser Stunde mitzuerleben, sobald ich konnte. Ich nahm allerlei Glückwünsche im Büro entgegen; ich kaufte drei gelbe T-Shirts, mir war egal, ob sie zu meinen Hosen passten, und guckte mir Partys aus, bei denen ich aufkreuzen wollte, um die Leute mit der Präsenz eines gewitzten Filipinos zu beglücken. Dieses Weihnachten, sagte ich zu mir und schrieb es Nanay: Ich werde zurückkommen.

Laurie, hier ist das Buch mit deutschen Theaterstücken, das du damals gesucht hast, das von Martin Esslin, ich habe es in einer Kiste mit Mix-Kassetten und irgendwelchen Wollsachen auf einem Flohmarkt gefunden, glaubst du das, es gehört dir, aber du kannst mich auch auf eine Schüssel *bulalo** einladen, falls du darauf bestehst, falls du es überhaupt kannst.

*In Manila hat eine aus 50 Soldaten des Capital Regional Command (Capcom), 50 Mitarbeitern des Geheimdiensts, 100 Angehörigen der Air Force sowie 100 Polizisten zusammengestellte Truppe in den Barackensiedlungen in Maricaban, Pasay und dem Gelände der Luftfahrtbehörde nahe dem Flughafen gleichzeitig Razzien durchgeführt. Es wird vermutet, dass die beiden Slums als Verstecke für sowohl die kommunistische Stadtguerilla als auch kriminelle Banden dienen. Brig. Gen. Alexander Aguirre, Befehlshaber des Capcom, äußerte gegenüber Reportern, die Durchsuchungsaktionen seien angeordnet worden, »um Terroristen und Kriminelle aufzuspüren«, als Reaktion auf zunehmende Angriffe seitens der kommunistischen Rebellen in der Hauptstadt.*

*Menschen wurden aus ihren Baracken gezerrt und auf dem Ge-*

*lände des Postlagers in Pasay City zusammengetrieben. Aus Ermittlerkreisen ist bekannt, dass mindestens drei ehemalige Rebellen der NPA, getarnt mit Sturmhauben, aus der Menge vermutliche Kommunisten identifiziert haben sollen. Nach Quellenangaben haben die Informanten – »Späher« in der Polizeisprache – die mutmaßlichen Sparrows*, kommunistische Guerillakämpfer, aufgrund von tätowierten Muttermalen im Gesicht identifiziert.*

*Col. Jesus Garcia, Polizeichef von Pasay City, erklärte, ein Muttermal am Kinn bedeute, die Person wäre ein kommunistischer Agitator; eines an der Stirn ein Melder; an der Stirn direkt über der linken Augenbraue ein Sparrow-Kundschafter; zwei Muttermale auf der linken Wange ein Mitglied einer Sparrow-Einheit; ein Muttermal auf der linken und rechten Wange und eines auf der Stirn ein Killer; und zwei Muttermale auf der rechten und eines auf der linken Wange ein General.*

*Capcom, verantwortlich für die operative Organisation, führte aus, dass ungefähr 800 Personen zur Feststellung der Identität verhaftet und 53 zur »weiteren Vernehmung« in Haft behalten wurden. Brig. Gen. Alfredo S. Lim, Polizeichef von Manila, sagte, die Razzien seien nötig gewesen, um »Manila von dieser Bedrohung zu befreien«. »Sie haben mehr als genug Schaden angerichtet«, sagte er weiter. »Sie sind verantwortlich für Anarchie und Zwietracht. Es ist an der Zeit, dass wir Recht und Ordnung in Manila wiederherstellen.«*

Camp Sunflower war ein umgebautes Armeelager in einem militärischen Sperrgebiet am Rande der Stadt. Es war für vierzig Personen gebaut, aber Mitte März waren schon über hundert von uns dort, eingesammelt über die Monate und dorthin gekarrt aus verschiedenen Durchgangslagern im Großraum Manila. Wir schliefen in Kojen paarweise, oben und unten. Jong hatte den Platz unter mir ergattert, kurz nachdem er eingeliefert worden war, Anfang Februar. Manche Nächte hörte ich ihn vor sich hin murmeln, und wenn ich ihn danach fragte, sagte er nur, er hätte gebetet.

Auch ich betete für eine ruhige Nacht und für ein Wunder am Morgen. Es geschah ab und zu, nach dem Wecksignal, nach den Morgenübungen. Der Kommandant, ein Captain, der gerne eine Show daraus machte, wie sehr ihm seine Aufgabe missfiel, ließ Sergeant Quiones darauf achten, dass wir in Formation blieben, während er in seinem Büro im Wachhaus unsere Dokumente durchkramte und das Klopfen und Knistern über die Lautsprecher in unsere Ohren kriechen ließ, in denen sich in diesen Minuten unsere Existenz konzentrierte. Unsere Herzen klopften wild, obwohl wir alles versuchten, um uns von den Liegestützen und Kniebeugen zu erholen. Dann, als der Schweiß bereits Krusten bildete, würde er die Namen in einem widerwilligen, weinerlichen Ton aufsagen – Peneyra, Gaffud, Dimalanta –, und unter den Auserwählten würde Jubel und Geschrei ausbrechen, während den Rest von uns eine kalte, ungläubige Panik ergriff, zumindest diejenigen unter uns, die immer noch nicht verstehen konnten, dass dieses Lager, ohne Prozess und ohne Urteilsverkündung, unser naturgegebenes Schicksal war im zarten Alter von achtzehn Jahren.

Bei Sonnenuntergang saßen wir für gewöhnlich in Reihen an langen Bänken, den Blick nach Westen gerichtet, wo die Stadt lag, und starrten durch den Stacheldraht auf den Himmel, der sich in ein geflecktes Meer aus Rosa und Orange und Lila verwandelte. Wir klopften auf Oberschenkel und Schultern, tauschten Zigaretten und Schokoriegel aus, sprachen uns gegenseitig Mut zu, siebten die Nachrichten des Tages durch das hoffnungslos ungleiche Raster unserer Meinungen. Wir bildeten eine Gesellschaft, wie wir sie kannten, imitierten ihre Geräusche, während wir darauf warteten, dass die Dunkelheit die Oberhand gewann und das neonrote Marlboro-Logo aufleuchtete, irgendwo in Guadalupe, und blinkte wie das vertrauenswürdigste und beständigste Exemplar eines Glühwürmchens. Und dann, wie verabredet, würde unser Geschnatter nachlassen, einige wären bereits in die Kojen verschwunden, und die Männer und Jungs würden ganz still werden, die Augen auf das Logo geheftet, den Kopf auf die Hände gestützt, die Gedanken auf der Flucht durch und hinter den Zaun. Dann würde es zu viel werden. Irgendeiner haute einen Witz raus. Der Zauber war gebrochen und wir stürzten uns auf das Essen und das Schach.

Es gab immer irgendein Schachturnier. Die Organisatoren hatten ein kompliziertes System entwickelt, um die Meister von den Anfängern zu trennen, und ich gehörte zu Letzteren, für die das Spiel noch mit Spaß zu tun hatte. Wir liebten das Zocken, brachten rücksichtslose Opfer, stritten über Regeln, genossen den Zirkus. Wir liebten die Vorstellung, Damen zu fangen, Könige in die Ecken zu treiben, Pferde zu quälen und Bauern zu morden. Schach wurde zu unserem beliebtesten Zeitvertreib, und es gab auch sonst nichts zu tun nach dem Essen außer zu quatschen.

Manchmal fanden wir ein Thema, das für uns alle neu oder schon so in Vergessenheit geraten war, dass es wie neu schien, und dann ließen wir das Spielen sein und genossen das Reden. Fast alles von Bedeutung entwickelte sich, klar, aus Erinnerungen, die jeder von uns mit sich herumtrug, und so wühlten wir in unserem Gedächtnis und würzten jede Geschichte mit einer Prise Raffinesse, bevor wir sie auftischten.

Am meisten schätzten wir die Geschichten von Neuankömmlingen über das Widerstandsnetzwerk, das sich dem Kriegsrechtsregime entgegenstellte und aus angemieteten Quartieren, Kellern, Hinterzimmern und Ecken in Häusern von Sympathisanten operierte. Hier und da wachten unbescholtene Bürger in dieser oder jener Nachbarschaft auf und stellten fest, dass ihre Wände mit groben Pinselstrichen in Rot beschmiert waren: »Volkskrieg gegen das Kriegsrecht!«, »Nieder mit der US-Marcos-Diktatur!«, »Lang lebe die nationale demokratische Revolution!« Die meisten dieser Leute schüttelten dann nur den Kopf und wuschen oder kratzten die Parolen ab, bevor die Metrocom* auftauchte. Hier und da fand sich eine Bande aus Spaziergängern im Park zusammen, hielt sich an den Händen und zettelte eine kleine Revolte an: »Traut euch zu kämpfen, besiegt die Angst!« Und sie ließen sodann nicht locker, Passanten aufzuschrecken und sie über ihr Unglück aufzuklären, bis Wachleute, ihre 45er blitzten in der Sonne, fluchend und mit rudernden Armen auf die Gruppe losgingen. Und so kam es dann des Öfteren zu einer Verfolgungsjagd, über Hecken, Straßen, durch Gassen bis in die düsteren Eingeweide der Stadt.

Und es gab Verhaftungen, Verrat, Aufgabe, Vergeltung – wenn ein Läufer stolperte, wenn ein Vater zusammenbrach, oder wenn, durch irgendein stilles Wunder, eine Gemeinschaft sich aufraffte, sich selbst zu schützen. Und trotzdem: In Anlehnung an eine Kriegstaktik der Kempeitai, kreisten Soldaten und Polizisten immer wieder verdächtige Gebiete ein und führten Razzien durch, immer bei Nacht, um so das Mannsvolk aus dem Bett auf die Straße purzeln zu lassen, in ihren Unterhosen, und somit Männlichkeit anhand der Größe, Herkunft anhand der Tätowierungen und ideologische Orientierung anhand obskurer, aber unfehlbarer Gesetze der Physiognomie bestimmen zu können.

Kommunisten, so hatte es ein Geheimdienst-Major mit besonderen intellektuellen Fähigkeiten angeblich herausgefunden, trugen eine Maske, komponiert aus Schuld, Verdorbenheit und unverhohlener Drohung – unzweifelhaft hervorgerufen durch ihren Atheismus, Drogenmissbrauch, ihre verrohten Sitten und die Gier nach Macht. Diese Erkenntnis machte die Runde in den Gefangenenlagern, und diejenigen von uns, die ihren Humor behalten oder wieder zurückgewonnen hatten, verbrachten ihre Zeit damit, Nasen zu vermessen, über Proportionen zu streiten und eine ungewöhnliche Vertiefung des Philtrums bei denjenigen zu bestätigen, von denen wir wussten, dass sie im Sinne der Anklage schuldig waren. Wir durften erfahren, dass die Beobachtungen des Majors die morgendlichen Stunden in Manilas Cafés erheiterten, wo darüber hinaus das Gerücht die Runde machte, dass der Major seine Lieblingstheorie als Grundlage seiner Masterarbeit bei der Militärakademie eingereicht hatte, dass sie angenommen worden war und dass infolgedessen der Major, bis dahin einer von vielen mit Ehrgeiz und mittelmäßigem Talent, in Anerkennung seiner außerordentlichen Erkenntnisse befördert worden war.

Aber dennoch stützte das Regime seine Aktionen auf profunderem Wissen aus Fort Bragg und Fort Leavenworth*, führte seine Operationen nicht mit Abstandsmesser und Muttermal-Tabelle (zumindest nicht bis zu einem Zeitpunkt Jahre später, als die Theorien des Majors – zu jenem Zeitpunkt bereits die des Brigadegenerals – zu neuem Leben erweckt wurden), sondern mit M-16 und Haubitzen sowie mit stimmungsvollen Einladungen in Funkwellenlänge an die Bürger, den neuen kriegerischen Enthusiasmus zu teilen: »Eine neue Sonne geht auf, ein neues Leben, neue Stärke, neue Ehre in der Neuen Gesellschaft!« Die Bassstimme eines Vaters oder die Altstimme einer Mutter, die eine autoritär und die andere zutraulich, intonierte dann den notwendigen Preis für solch wundervolle Neuigkeiten: »Für den nationalen Fortschritt … Disziplin!«

So liebevoll bearbeitet, brachen viele der Verlorenen in Tränen aus, und ihnen wurde vergeben; sogar unter uns gab es viele, die nun zustimmten, dass die Stunde der Revolte vorbei sei und die erkämpfte Freiheit bei all dem Lärm und der Kakophonie kläglich daran gescheitert sei, Straßen zu bauen, die Kriminalität einzudämmen, die Ärmsten zu füttern und die Reichen glücklich zu machen, und dass von daher die Prinzipien nationaler Selbstdisziplin und konstruktiver Subordination zumindest einen Versuch wert seien.

Aus dieser ermunternden Sicht heraus könnte die Neue philippinische Familie des Nachts auf besenreinen Straßen flanieren, ohne Angst, dass die Perversen oder die Mittellosen ihnen auflauerten, da diese selbst auch gerade die Tugenden der Selbstdisziplin erlernten, im Gefängnis, auf dem Acker oder in der Fabrik. Der Neue philippinische Unternehmer könnte sich die besten Geschäftspartner aussuchen und in Ferienpaläste, Tabak, die Tennisballproduktion oder Autofabriken investieren, oder, noch besser, direkt in die Banken, um diese zeitgemäßen Unternehmungen mit frischem Kapital zu versorgen, und er könnte sich seiner gerechten Entlohnung in Zeiten dieses garantierten wirtschaftlichen Friedens absolut sicher sein. Der Neue philippinische Leser könnte sicher sein, seinen Morgenkaffee zusammen mit einer der neuen, von der Regierung lizensierten Tageszeitungen zu genießen, in deren Optimismus zu schwelgen und mit dem wohligen Gefühl zur Arbeit zu gehen, dass es angesichts der grässlichen und stressvollen Unbeständigkeit des Lebens in der übrigen Welt genau jetzt keinen besseren Ort auf der Erde gäbe als die Philippinen mit ihren siebentausendeinhundert von der Sonne geküssten Inseln.

Tatsächlich war es für viele eine glückliche und hoffnungsfrohe Zeit, als Zukunftsversprechen gekauft und Ehen besiegelt werden konnten dank der Rekordpreise für Kopra* an der Londoner Börse und dank möglicher Karrieren in einem Ministerium für wirtschaftliche Entwicklung oder in einer der Behörden für nationale Sicherheit, Karrieren, bereitwillig finanziert mit Geld von der Weltbank, von USAID, den Japanern und einer Menge anderer weniger exaltierter Wohltäter, die allesamt nur zu gerne ihren Anteil dazu beisteuerten, nationalen Fortschritt durch nationale Disziplinierung zu erreichen. Eine gigantische Finanzspritze oben am Kopf, so das Rezept der Gurus, würde mit Sicherheit nach unten zu den Massen durchsickern, allein durch die simple Logik der Schwerkraft und mit der Zeit; es war alles nur eine Frage der Zeit. (Und mit der Zeit glaubte ich selber daran.)

Aber es gab andere, starrköpfig in ihren freudlosen Gedankengängen, die jedweder Wandlung widerstanden. Einige blieben, wo sie waren, und waren für den Moment zufrieden damit, Parolen in ihrem Mund herumzudrehen wie Talismane, zwischen zusammengepressten Zähnen. Viele packten ihr junges Leben in eine Tasche oder fassten es auf Zetteln zusammen, immer viel zu kurz, für ihre Eltern, Geliebte und Freunde, und verschwanden dann in einem Land – »da oben« in den Worten der Eingeweihten –, wo die Engel Kalaschnikows trugen und Blitze auf die Unterdrücker prasseln ließen.

Wieviele Kalaschnikows es auch immer gab: Das Waffenarsenal der Militärpolizei strotzte mit einer wahnwitzigen Zusammenstellung von Waffen, abgeliefert oder konfisziert von weit unterlegenen, kleineren Gegnern – selbst hergestellte Feuerwaffen, Colts, Smith & Wesson's, Brownings, Armalites, Granatenwerfer, Waffen aus tschechoslowakischer oder israelischer Produktion. Das bloße Gerücht, die Militärpolizei arbeite bei ihren Razzien mit hypersensiblen Metalldetektoren, reichte aus, um immer mehr Schusswaffen aus Schubladen, Schränken und Kellerverstecken herauszukramen, und falls das nicht genügte, sorgte die angedrohte Strafe von zwanzig Jahren Arbeitslager für den illegalen Besitz einer Feuerwaffe, Luftgewehre ausgenommen, für den Rest. Während sie beeindruckende Zahlen konfiszierter Waffen auf eine Tafel kritzelten sowie einen entwaffneten Stammesführer zwischen sich zur Schau stellten, erklärten die Chefs der nationalen Militärpolizei und des Metropolitan Command in den Fernsehnachrichten, dass die philippinische Gesellschaft, nach dreihundert Jahren des Krieges gegen dieses oder jenes, endlich von dieser Last befreit worden sei. »Ein Lächeln für das Kriegsrecht«, das war die Umschreibung der Zeitungen für die öffentliche Reaktion auf die präsidentielle Proklamation Nr. 1081. Das Lächeln der Disziplin lag gewitzt auf den Lippen des Landes. Lange Haare waren verboten. Die mitternächtliche Ausgangsperre zwang den Streuner nach Hause. Die Wände waren weißgewaschen und die Vorgärten getrimmt, vom Forbes Park bis zum Camp Sunflower.

Wir redeten abends oft über Filme, über Bruce Lee in *Fists of Fury*, Bruce Lee in *Game of Death*. All das Kung-Fu dörrte unsere Kehlen aus, all unsere Glieder wünschten und sehnten sich nach Action – Sprungkicks, zumeist, mit einer schnellen Drehung um die eigene Achse. Jong flehte uns an, die Unterhaltung zu stoppen, während er zur Eisbox rannte und eine Handvoll Eiswürfel für Orangensaft mitbrachte. Ich unterbrach, mit Bruce Lees Fuß in der Höhe, nur ein paar Zentimeter von Chuck Norris' Hals entfernt, und fischte das Sunquick aus meiner Tasche. Jong warf die Eiswürfel in eine große Nescafé-Plastikdose, gab Leitungswasser hinzu und füllte es mit Sunquick auf, nur soviel, dass die Orange das Wasser leicht kitzelte, schraubte den Deckel drauf und schüttelte es, Tschack – tschack – tschack. Das war ein Segen im Sommer, wenn die Hitze auf unsere Metalldächer drückte und sich in unseren Kojen und Hemdsärmeln einnistete, Tag und Nacht, und der Rhythmus des Tschack – tschack – tschack war im ganzen Camp zu hören, wenn die Leute geeiste Limo nach Jongs Art nachmachten. Wir ließen das Getränk kreisen, sobald es richtig kalt war, nicht in Bechern oder Gläsern, sondern in der Dose wie einen Zaubertrank. Wir schluckten die Orange abwechselnd in Zügen runter und dachten an Django, Goldfinger und Rossana Podestà.

In Nächten, wenn wir über Filme geredet hatten, konnte ich schwer einschlafen. Ich dachte an all die Filme, die ich gesehen hatte, und an die, die ich niemals sehen würde. Wenn ich meine Augen zumachte, sah ich Ingrid Bergman, wie sie auf dem Scheiterhaufen brannte, und die Titanic in Schräglage und ohne Rettung in Sicht im Joy Theater in Pasay City, wiederkehrendes Chaos, ein Unglück nach dem anderen, wieder und wieder, gnadenlos wiederholt, um den ganzen Erdball herum.

Ich würde nur einmal sterben, ohne großes Aufsehen. Ich konnte mir vorstellen, im Knast zu sterben, an einem Rattenbiss, an der Ruhr, durch einen unglücklichen Fall aus meiner Koje in die Agonie eines Albtraums. Aber es gab mit Sicherheit üblere Schicksale, wie sie unsere Genossen in ihrem heiligen Auftrag zu ertragen hatten: Fingernägel wurden gezogen, Schamhaare verbrannt, Augen ausgekratzt, Köpfe für Zielübungen an Pfosten gebunden. Ich hatte all diese Geschichten gehört; der Horror verfolgte uns in den Schlaf wie eine surrende Wolke von Pferdebremsen.

In der Klarheit eines Morgens entschied ich, dass es meiner geistigen Gesundheit gut täte, einen Passierschein für einen Tag zu beantragen und den dann auch auszukosten. Das war eine der größten Annehmlichkeiten des Lagerlebens, aber eine, die sich die wenigsten leisten konnte wegen der hohen Kosten. Es würde meine Mutter eine Flasche Stateside Whisky kosten für Sergeant Quiones, der ein ziemlicher Gauner war. Das war machbar, aber so ein Gute-Zeit-Ticket war gleichzeitig eine eindeutige Kapitulation um eines Privilegs willen, es sei denn, man hatte sichtbar schwere Verletzungen und musste daher einen qualifizierteren Arzt aufsuchen als die Quacksalber von der Armee, die einfach unseren Blutdruck maßen und uns für jedwede Krankheit Aspirin verschrieben. Jong konnte mit Sicherheit einen Besuch beim Zahnarzt gebrauchen, aber hatte niemanden da draußen, der ihm helfen konnte oder wollte (»Gib meinem Vater den

Whisky«, sagte er, »warte am Fenster, warte einfach fünf Minuten, und duck dich, wenn die leere Flasche nach draußen fliegt«). Als ich an diesem Morgen das Thema aufbrachte, zuckte er bloß mit den Schultern und sagte: »Was gibt's da draußen zu sehen?«

Ich wusste, was es da draußen zu sehen gab. *Der Pate* war gerade in der Stadt angekommen; ich hatte das Buch heimlich gelesen, zwischen Mao und Cornelius Ryan. Ich erinnerte mich, wie Sonny Corleone mit Lucy Mancini Liebe gemacht hatte, an die Tür gepresst. Ich erinnerte mich an Nina, deren Hand meine zerkratzte, als ich ihre fasste, als ich mit ihr dieselbe feuchte Luft im Besenschrank einatmete.

Beim nächsten Besuch meiner Mutter erzählte ich von dem Schein, und sie arrangierte alles innerhalb einer Woche. Die Flasche kostete hundert Pesos und der Tag selber nochmal hundert. Es war fast die Hälfte von dem, was meine Mutter als Postangestellte im Monat verdiente, aber die Vorfreude hatte jegliche Schuldgefühle aus meinem Inneren vertrieben. Ich würde da draußen ein Spion sein für uns alle, sagte ich zu mir selbst; ich würde mit gespitzten Ohren Ausmaß und Ausprägung der öffentlichen Meinung gegenüber dem Regime herausfinden, und auch uns gegenüber, die wir für sie Leid ertrugen. Und ich würde den Tag genießen, vielleicht auch wegen der Bemühungen meiner Mutter. Und dafür waren Mütter schließlich da; sie halfen ihren Söhnen mit allerlei Gefälligkeiten, aus einem versteckten Geldbeutel gezaubert, und dass sie mir diesen Gefallen tat, machte sie zu einer noch besseren Mutter. Natürlich ging sie auf meinen Vorschlag ein, wir hätten schon früher daran denken sollen. Wir planten meinen Tag, sie kümmerte sich um die Einzelheiten; mein Vater war in Tigbawan im Auftrag des Gouverneurs (um für meine schnelle Freilassung zu sorgen, flüsterte sie, mit den passenden Worten), aber sie würde ihr Bestes geben, und es würde sein wie früher, als ich ein kleiner Junge war und sie mich mit zur Uferpromenade nahm, Popcorn und ein Luftballon in Hasenform inklusive.

Die Nacht vor meinem Freigang bügelte ich ein dunkelrosa Hemd und beige Hosen, die letzten Sachen, die ich mir hatte schneidern lassen in jener Zeit, die ich inzwischen als mein »ziviles« Leben betrachtete. Ich putzte meine Schuhe, rieb Wachs in die Falten und zog sie an. Sie fühlten sich eng an; das Leder war hart geworden nach der langen Zeit.

Jong und die anderen wussten, was los war, warteten aber darauf, dass ich ihnen von meinem Glück erzählte.

»Schicke Schuhe«, sagte Jong. Ich saß auf seiner Koje.

»Ich gehe morgen raus«, sagte ich ohne hochzugucken. »Meine Mutter hat mir den Schein besorgt.«

»Das ist gut«, erwiderte Jong. »Ich hoffe, es ist nichts passiert?«

»Nein, alles bestens.«

»Was wirst du machen?«

»Einen Film anschauen«, antwortete ich. »*Der Pate*, schon mal gehört, mit Marlon Brando? Es gab das Buch …«

»Noch nie davon gehört, aber scheint gut zu sein.«

»Jede Menge Action«, sagte ich, »Gangster, Gauner, Schießereien auf der Straße.«

»Erzähl uns davon, wenn du zurück bist.«

»Das werde ich.«

»Falls du zurückkommst.« Das war ein Witz, aber natürlich hatte ich darüber nachgedacht. Wir alle dachten daran, aber es war noch nie passiert. Wir zogen es vor, in unseren Stühlen zu sitzen und darüber zu spekulieren, welche Namen am nächsten Morgen aufgerufen würden.

»Das werde ich.« Ich wollte sagen »Ich lass dich nicht allein«, fühlte mich aber zu schwach für solche Sprüche.

»Wie heißt der Film nochmal?«, fragte Jong.

»*Der Pate,* ne Mafia-Geschichte …«

»Das ist Müll«, sagte Professor Malixi, während er an uns vorbeilief, »populär-fiktionaler Müll über kapitalistischen Verfall und feudalen Romantizismus.« Als stämmiger Mann um die fünfzig, die Haare fielen bereits aus, mit zottligem Bart, Nickelbrille und einer zernagten Pfeife war er alles, was Jong nicht war und was Estoy in ein paar Jahrzehnten vielleicht hätte werden können.

Er war für seinen Doktor in Geschichte nach Deutschland gegangen und nahm für sich die Ehre in Anspruch, nicht ganz unwahrscheinlich, der einzige Filipino zu sein, der *Das Kapital* in seiner Originalsprache gelesen hatte. Wann immer er ein lockeres Grüppchen neuer Jünger aufgabeln konnte, hielt er ihnen einen Vortrag über sein kleines Lieblingsthema, nämlich die Vorzüge von Paul Keres' Variante der Sizilianischen Verteidigung.

»Es ist spannend, trotz allem«, sagte ich lustlos.

»Sicher. Ich habe nichts Gegenteiliges behauptet«, sagte der Professor, ohne mich eines Blickes zu würdigen, während er seine Pfeife auskratzte.

»Also haben Sie es auch gelesen?«, ich ließ es wie einen Vorwurf klingen.

»Hmm«, brummte er, die Pfeife steckte in seinem Mund. Er zog sie wieder raus, damit ich ihn besser verstehen konnte. »Ich habe es vor zwei Jahren gelesen, in New York, als es rauskam.«

»Im Original, schätze ich.« Ich lachte über meinen eigenen Witz und Jong stimmte mit ein, um die Sache weiter zu befeuern.

Malixi funkelte mich an und sagte dann im Weitergehen: »Du verschwendest bloß das Geld deiner Mutter.«

Moment mal, wollte ich ihm hinterherrufen, das ist meine Sache, und du hast mit deinem Schein doch auch nichts anfangen können, oder?

Malixi hatte sich einmal einen Schein besorgt, um mit seiner Familie ein Picknick zu machen. Er hatte zwei kleine Töchter, so um die drei und fünf Jahre. Sein Bewacher verbreitete dann später die Geschichte, der Professor habe während des ganzen Rückwegs zum Lager nur geweint. Malixi hat sich danach nie wieder um einen Schein bemüht, obwohl seine Frau, die ein Krankenhaus leitete, bestimmt die Mittel dazu hatte. Er wurde danach nur noch grimmiger, abweisender, spöttischer gegenüber allem, was er für mittelmäßig und unausgegoren hielt. »Das ist das Problem mit der Revolution«, hörten wir ihn vor sich hin brummeln, »alle grün hinter den Ohren, faul, man könnte meinen, es ginge nur darum, möglichst laut zu schreien.« Aber auch er hat geschrien.

Ein paar Sonntage zuvor hatten wir gehört, wie er seine Frau und die Kinder anschrie, und wir drängelten uns an der Tür unserer Baracke, um die Szene zu verfolgen. Die ältere Tochter hielt sich an der Mutter fest, die jüngere brüllte. Die Frau schien sich mit ihm zu unterhalten. Wir konnten ihre Worte nicht genau verstehen. Sie standen zu weit weg, in einer grünen Ecke des Camps nahe am Zaun, wo die Familien oft Decken im Gras auslegten, ein Möchtegern-Park und nur an Sonntagen geöffnet. Tony Grajo, der nahe genug dran war, um zuhören zu können, erzählte uns später, dass Malixi seiner Familie befohlen hatte, ihn nie wieder im Lager zu besuchen. In dem Moment sahen wir, wie eine Wache sich diesem Tumult näherte. Malixi richtete einen Finger auf ihn, ungefähr so, wie er es auch mit einem ungezogenen Studenten im Unterricht machen würde. Wir konnten ahnen, was er sagte: Halt dich da raus, das ist eine Familienangelegenheit. Von soviel Autorität eingeschüchtert, trat der Soldat den Rückzug an und verschwand wieder in der Wachstube. Sekunden später hörten wir die Ansage von Sergeant Quiones über Lautsprecher, dass, kraft seiner Befehlsgewalt, die Besuchszeit vorbei sei, obwohl es gerade erst drei Uhr war. Buhrufe und Gejammer waren von überall zu hören, als Familien und Paare aus den Türen stürzten, um sich zu vergewissern, dass sie richtig gehört hatten. Aber die Wachen reagierten schnell. Zwei von ihnen öffneten eilig die Tore, und ein ganzer Trupp bezog im Inneren Stellung, um die Leute nach draußen zu drängen. Malixis Familie wollte nicht gehen, und so drehte der ihnen einfach den Rücken zu und ging geradewegs in Richtung seiner Schlafkoje. Bald danach waren alle verschwunden, das Gelände geräumt und die Tore geschlossen. An jenem Abend fiel es sogar Malixis regelmäßigen Tischnachbarn nicht leicht, mit ihm zu reden, aber sobald ein Schachbrett hervorgeholt wurde und Malixi sich einen Pechvogel als Gegner ausgesucht hatte, schien die Welt wieder in Ordnung.

Am folgenden Sonntag erschien seine Frau ohne die Kinder, aber Malixi weigerte sich, sie zu sehen, und zu unser aller Erleichterung konnte Tony sie überreden zu gehen. Weiter passierte nichts, vermutlich bestand sie darauf, dass sie eine ganz wunderbare Ehe führten. Und das taten sie wirklich, wie der Professor später bestätigte, als er mal wieder über einen Spielzug grübelte, und sie hätten auch tolle Kinder; aber er wollte sie einfach nicht sehen. Und so blieb es für eine weitere Woche und die darauffolgende. Die Frau wartete am Zaun, Tony kam raus, um ihr zu sagen, dass es Malixi gut ginge, und dann ging sie wieder. Und Tony sagte dann Malixi, dass es seiner Familie gut ginge. Malixi brummelte dann einen Dank und widmete sich weiter seiner Pfeife und den Schachproblemen. Es war ein kurioses Arrangement, aber er schien glücklich damit. Er machte seine Scherze mit uns und wirkte ganz ausgelassen. Er wählte seine Beleidigungen mit schadenfroher Präzision, und wir waren bald wieder so genervt von ihm wie früher. Dann, an einem Sonntag, war er dem Anschein nach entspannt genug, um seine Frau am Zaun zu treffen. Sie hätte ihn auch überraschen und zu ihm reingehen können, aber sie beherrschte sich, sehr darauf bedacht, ihn nicht zu überfordern. Er hatte die Hände auf dem Rücken und sprach leise. Sie schien nicht zu wissen, wohin mit ihren Händen, wirkte aber glücklich. Sie sah aus wie achtunddreißig, maximal vierzig. Sie hatten offensichtlich spät geheiratet. Wahrscheinlich war es so gewesen, mit einer schrecklich umständlichen Kennenlernphase voller falscher Bescheidenheit und unausgesprochener Zuneigung. Und plötzlich – wir schauten alle zu – war das Treffen schon wieder vorbei. Malixi drehte sich um, schritt über den Hof und verfluchte die schamlosen Gaffer.

Am Sonntag meines Freigangs stand ich früher als gewöhnlich auf, machte meine Gymnastik in schmerzhafter Schnelligkeit, duschte, putzte meine Zähne und zog mich an. Ich hatte meine Mutter gebeten, um acht nach der Morgenmesse zu kommen. An Sonntagen ging ich zum Gottesdienst, um dem Herrn und den Armeepsychologen zu gefallen – zwei Damen mit langen, lockigen Haaren, frisch aus der Ausbildung und erbarmungslos kontaktfreudig –, die dann und wann auftauchten, um die Fortschritte unserer Wiedereingliederung zu begutachten. Wir hörten die Messe in der Kantine von einem Kaplan der Armee, der uns unermüdlich aufforderte, von der Gottlosigkeit abzulassen, was wir alle zu tun glaubten. Natürlich glaubten wir an Marx, aber genauso selbstverständlich glaubten wir an Gott. Wir waren Filipinos und hatten beinahe unerschöpfliche Kapazitäten in Glaubensdingen.

Das war es wahrscheinlich, was Professor Malixi das Leben so schwer machte. Es waren all die Jahre in Europa, das Klima, die Freimaurerei, diese harte und verbitterte Schurkensprache in Kriegsfilmen: Das alles hatte einen Teil seiner Lebensfreude zum Erfrieren gebracht. Malixi ging nie zur Messe. Der Kaplan, sagte er, wäre zunächst einmal ein Idiot, und das war lediglich der rein persönliche, nicht mal der philosophische Teil seiner Argumentation.

Ich stand also in der Kantine, nahe an der Tür, sang Hallelujas und stampfte mit den Füßen, um das Leder weich zu kriegen, und hielt nach meiner Mutter Ausschau in der Hoffnung, dass sie entschieden hatte, mich zu überraschen und früher zu kommen. Ich betete, dass sie das tat; ich betete, dass sie das tat; ich betete, dass sie das tat. Der Empfang des Abendmahls begann, und sie war noch immer nicht da. Ich war nicht sehr besorgt, aber achtete auf jede Bewegung draußen. Ich blickte zum Tor und sah Frau Malixi mit den Kindern im Schlepptau. Es wurde besser und besser mit dieser Familie, erinnere ich mich gedacht zu haben; und jetzt kam der Professor höchstpersönlich, in seinem barong, mit Filzhut und Schuhen! Also ging er mit einem Schein raus, dieser neunmalkluge Bastard, genauso wie ich; sie mussten das während der letzten Woche geregelt haben. Ich freute mich für sie und war meinerseits ungeduldig. Malixi setzte seinen Hut auf, drückte die Hand seiner Frau, hob seine Töchter jeweils mit einem Arm hoch, als wären sie Hühnchen, und lief den asphaltierten Weg entlang zum Wachhaus. Hinter ihm marschierte sein Bewacher, mit einer M-16 bewaffnet, genau jener Soldat, den er so sehr eingeschüchtert hatte vor nicht langer Zeit. Solch eine Aufgabe war auch für diese aus ihrer Heimat verpflanzten Bauernjungen ein Privileg. Es bedeutete ein Gratis-Mittagessen und einen Tag außerhalb des Camps. Quiones verteilte die Dienste, er war Herr und Meister über sie alle, insbesondere an Sonntagen, wenn der Kommandant zum Golfen fuhr und dem Sergeant alles überließ. Sie verschwanden hinter einer Kurve, und ich dachte nicht weiter an sie. Geht in Frieden, gedankt sei Gott.

Meine Mutter kam um acht Uhr vierzig. Es hatte irgendwo in der Stadt gebrannt, und der Verkehr war umgeleitet worden. Wir schrieben uns in der Wachstube in das Lagerbuch ein und trafen unseren Bewacher. Auf seinem Namensschild stand »Soria«. Ich hatte ihn schon zuvor als Teil des Reinigungstrupps gesehen. Er war Gefreiter und wahrscheinlich Rekrut, wie fast alle Gefreiten. Sie waren sogar jünger als wir, und sie sahen alle gleich aus – gedörrte Haut, muskulös, einfältig, immer mit leicht panischem Blick. Sie hatten strikten Befehl, nicht mit uns zu fraternisieren, aber ich bezweifelte, dass sie das überhaupt wollten. Sie fürchteten uns – nicht in körperlicher Hinsicht, sondern in einem metaphysischen Sinne, so, als ob wir mit irgendeinem Zauber ihre reinen Seelen befallen könnten. Wenn schon nicht böse, so waren wir zumindest anders. Jedenfalls ging es den meisten von uns mit Sicherheit besser als ihnen – viele von uns hatten das College besucht, hatten gute Jobs gehabt, und uns besuchten schöne, hellhäutige Frauen und Freundinnen (sogar eine Filmschauspielerin war dabei, im Fall von Cholo Retizos, der eine große Kosmetikfirma besaß und es gewohnt war, von schönen Frauen umgeben zu sein) –, während sie unseren Dreck wegmachen und sogar früher aufstehen mussten, um sicherzugehen, dass wir noch schliefen und bald was zu essen bekämen. Sie hatten ihr eigenes Lager, ein Spiegelbild des unsrigen auf der anderen Seite einer Asphaltstraße, eingepfercht in den gleichen übergroßen, runden Wellblechhütten, die unsere neuen und, zumindest vorübergehend, festen Adressen waren. Um sie von uns zu unterscheiden, war ihr Eingangstor beschriftet mit »Kampo Kap. Geronimo Guillen«, nach einem Armeeoffizier, der in den Kämpfen der 1950er Jahre eigenhändig eine ganze Kompanie kommunistischer Partisanen exekutiert haben soll. Guillens emaillierte Visage starrte auf eine Traube gelber Anemonen, die von der anderen Seite der Straße aus ihren Zauber entfaltete. Ansonsten konnten sich die Soldaten auf unserer Seite überall wie zuhause fühlen: Auch sie hatten ihren Basketballplatz, ihren Gemüsegarten und ihren Stacheldrahtzaun.

»Sei zurück um siebzehn-hundert«, sagte Quiones, als ich mich in das Lagerbuch eintrug. Neben meinem Namen war »Medizinische Untersuchung« gekritzelt worden. Auf dem Boden neben dem Tisch des Sergeant stand eine offene Flasche J&B-Whisky. Er griff danach und ich sah, dass der Kerl den Nagel seines rechten kleinen Fingers verloren hatte; er bemerkte meinen Blick und der Finger kroch in die Faust wie ein Einsiedlerkrebs. Ich senkte meinen Blick auf das Lagerbuch zurück; bei Malixi waren auch medizinische Gründe eingetragen worden. »Was ist los?«, fragte der Sergeant grinsend. »Ihr werdet alle krank. Was ihr braucht, ist ein ordentlicher Drink.« Er bot mir sein Glas an. Ich sagte danke, aber ich trinke nicht. »Ah, wegen deiner Mutter«, sagte er, als ob sie nicht da wäre. »Soria, pass auf, dass er sich benimmt.«

Es war ein taufrischer, blauer Morgen und der Geruch von frisch geschnittenem Gras stieg mir in die Nase. Wir mussten erst bis zum Haupttor laufen, bevor wir irgendwie in die Stadt fahren konnten. Meine Sneaker wären bequemer gewesen, aber ich lief forschen Schrittes in meinen Oxfords, befeuert durch die neu gewonnene Freiheit.

»Wie ist dein Name?«, fragte meine Mutter, was mich irritierte, bis ich kapierte, dass sie mit Soria sprach.

Es dauerte eine Weile, bis Soria antwortete, als ob er ein schändliches Geheimnis hütete. »Soria«, brummelte er schließlich. Meine Mutter lachte, und das verunsicherte ihn umso mehr; sein Griff um das M-16 wurde fester.

»Wie nennen dich deine Freunde?«

»Diego.«

Er war siebzehn; er war aus Camalaniugan, eine Stadt oben im Norden; Soldat zu sein war besser als Kokosnüsse zu schälen. Mehr wollte er nicht erzählen.

»Wir gehen einen Film anschauen«, sagte ich.

Ein Funken schoss durch Sorias Augen und Körper, rüttelte an seinen Nerven, und als er sich langsam wieder erholte, dachte ich triumphierend: Ich kenne dich, aber du nicht mich, kannst du gar nicht. Ich machte schnellere und größere Schritte. Bald fiel Soria zurück und trottete hinter mir her, neben meiner Mutter, und das Gewehr baumelte von seiner Schulter wie ein unbrauchbares Anhängsel. Meine Mutter strahlte noch immer, aber gar nicht unbedingt meinetwegen; sie schien beflügelt von einer Art Familiengefühl, das einen überkommt, wenn man sich als Teil einer Gruppe und weniger als Einzelperson fühlt.

»Dein Bruder und deine Schwester sind dieses Wochenende bei Pacing«, womit sie meine Tante meinte, »ich bin mir sicher, dass sie dich auch sehen wollen, aber ich dachte mir, dass sie dich ein anderes Mal besuchen können, was wir ja sowieso hin und wieder machen. Ich dachte, dass du diesen Tag ganz für dich haben sollst, damit du machen kannst, was du willst.« In Wirklichkeit hatten wir den Tag längst durchgeplant: erst Mittagessen, dann Kino. Ich hatte beschlossen, ein Festmahl im Wah Fung einzunehmen.

Wir nahmen einen Jeepney nach Cubao. Ich saß hinter dem Fahrer. In Einhaltung der Vorschriften saß mein Bewacher neben mir, meine Mutter uns gegenüber. Die anderen Passagiere starrten auf das M-16, Soria hatte seinen Blick auf den Boden gerichtet; wenn er seinen Kopf hob, schauten alle weg, auf die Fabriken, die Werkstätten und die billigen Apartments, die den Highway säumten. Es war eine sehr ruhige Fahrt durch eine Stadt, die so aussah, als ob sie gebleicht und desinfiziert worden wäre, um sodann, in den hässlicheren Vierteln, mit einem Pinsel aus fluoreszierendem Grün aufgehübscht zu werden, einem unwirklichen Grün, das alle Laternenpfähle, Verkehrsinseln und überhaupt alle Installationen aus Beton oder Metall bedeckte, auf die Farbe aufgetragen werden konnte. An den Kreuzungen und Einfallstraßen propagierten riesige Reklametafeln nationale Disziplin in fetten Großbuchstaben unter einem in die Zukunft blickenden Marcos mit wehender Flagge, der Wind gerade so, dass Sonne und Sterne perfekt zur Geltung kamen und der Präsident aussah, als ob er einen Glorienschein oder eine Krone trug.

Auf einem Grünstreifen neben der Straße arbeiteten fünf oder sechs junge Männer mit Sensen und Scheren, überwacht von einem Jeep voller Soldaten; Soria kicherte, und die anderen Passagiere taten es ihm gleich, glücklich über jede kleine Ablenkung. Der Fahrer sah durch den Rückspiegel zu uns, wischte sich mit seiner verrußten Hand über den Nacken und sagte: »Besser die Haare schneiden als Gras!« Eine Dame um die vierzig, gekleidet in rot-weißes Punktmuster und weiße Plastik-Pumps, streichelte ihre Dauerwelle und sagte, mit einem kurzen Augenzwinkern zu Soria: »Das ist der Teil vom Kriegsrecht, der mir am meisten gefällt … nicht, dass ich mit dem Rest nicht einverstanden wäre, verstehen Sie … das Verbot von langen Haaren, das lässt unsere Männer so viel besser aussehen, es macht sie … naja, zu Männern!« Ein sehr viel älterer Mann, der die ganze Zeit teilnahmslos in gekrümmter Haltung nahe an der Tür saß, erwachte auf einmal aus seinem Halbschlaf und sagte zu der Dame: »Alles, was Sie tun müssen, ist genauer hinzuschauen, was unter dem Haar ist. Benutzen Sie einfach Ihre Hände.« Ich lachte, aber Soria schien verstört; meine Mutter strahlte noch immer.

»Gut, dass sie dich für mich eingeteilt haben«, sagte ich zu Soria.

»Sarge ist in Ordnung«, sagte er. »Sarge und ich, wir kommen aus derselben Gegend.«

»Schaust du gern Filme?«

Er nickte. »Bei mir zuhause …« Dann verstummte er. Ich stellte mir das Kino in seiner Stadt vor: Ein ehemaliges Lagerhaus, dessen Dach in der Taifunsaison absackte, Bettwanzen bevölkerten die unbequemen Sitzreihen, der Boden voller Schnodder und Mangoschalen, aber auf der Leinwand und in Sorias Augen nichts als der sanfte Glanz von kriegerischem Heldenmut und fliegenden Untertassen. Ich fragte mich, welche Phantasie ihn von Camalaniugan nach Manila verschlagen hatte.

»Wir schauen uns *Der Pate* an«, sagte ich. »Schon gesehen?«

Er schüttelte den Kopf.

»*Barilan.*« Ich gab ihm die grobe Richtung vor: Geballer.

Er grinste.

»Schon mal was in der Richtung erlebt?«, fragte ich ermutigt.

»Nein«, antwortete er, »noch nicht, nicht wirklich.«

»Dann hast du Glück gehabt«, sagte ich, »sie haben dich nicht nach Jolo geschickt oder Isabela oder irgendwo anders hin, wo es ordentlich kracht, wie man hört.« Dort gab es ständig tödliche Hinterhalte, für Regierungstruppen, Wasserbüffel und Schweine, für alles Leben, das ins Kreuzfeuer lief. Er konnte sich wirklich glücklich schätzen.

Er richtete sich auf und sagte: »Ich bin ein guter Soldat. Und Sarge ist ok.«

Das Wah Fung sah genauso aus wie beim letzten Mal, außer dass der Tisch, an dem Benny mit den Leuten vom Geheimdienst saß, jetzt von einer großen und lauten Familie besetzt war, die sich über Nudeln und Dumplings hermachte – Großvater und Großmutter, Tanten, Neffen, ein Baby in den Armen seiner Schwester und der Vater, der seinen aufgeschürften Ellbogen kratzte. Ich suchte uns einen Platz im Innern des Restaurants, nahe an der Küche und weit weg von der Tür. Ein Kellner eilte sofort herbei, vielleicht dachte er beim Anblick von Sorias Gewehr, ich sei ein hohes Tier mit Bodyguard im Schlepptau, und ich wehrte mich nicht. Ich bestellte Nudeln, Eierrolle, Schweine-Dumplings (inklusive einer Extraportion zum Mitnehmen für Jong) und gebratenen Reis mit Shrimps. Ich aalte mich im Geruch der Nudeln und überließ es meiner Mutter, mir Reis auf den Teller zu schaufeln.

»Du solltest mehr essen, du bist zu dünn.«

»Wenn ich dünn genug bin, kann ich durch den Zaun kriechen.«

»Bitte nicht«, sagte Soria. Er nuckelte an einem Dumpling und äffte mich mit überzeugender Mimik nach. »Sie werden dich abknallen.«

»Ich hab nur Spaß gemacht. Aber wenn wir schon dabei sind ... würdest du?«

Soria überlegte, während meine Mutter Reis auf seinen Teller löffelte. »Jetzt reicht es aber mit dem Gerede. Hier, du siehst aus, als ob du noch mehr essen könntest. Iss, iss. Der Film ist lang.«

Während wir aßen, verließ die große Familie das Restaurant und statt derer setzten sich ein schwerer Mann um die fünfzig und ein hübsches, vielleicht zwanzigjähriges Mädchen an den Tisch. Sie hatten den ganzen Tisch für sich, mitten in der Stoßzeit, sie saßen in der hintersten Ecke und sprachen sehr leise. Ab und zu schaute der Mann auf den großen Rubin an seinem Mittelfinger und tat nur so, als ob er zuhörte. Für einen Moment glaubte ich, sie sei vielleicht seine Tochter, aber als ich genauer hinsah, streichelte seine Hand ihren Oberschenkel, und der Dumpling in meinem Hals wurde größer und größer. Ihre Bestellung kam: Eine Platte mit gebratener Ente, Gemüse, Nudeln und Bier. Sie war geübt, mit Stäbchen zu essen, und fütterte ihn mit Scheibchen von Ente und einzelnen Erbsen zwischen ihren eigenen spärlichen Bissen, während er mit seiner Hand voller Klunker die dunkelbraune Flasche Bier hätschelte. Seine andere Hand kümmerte sich nicht um das Essen. Ich sah zu Soria und meiner Mutter und erkannte, dass sie ebenfalls das Pärchen beobachteten, aber niemand sagte etwas dazu, und so aßen wir auf und gingen.

Das Kino war gerammelt voll, und wir standen alle im Mittelgang, bis ein Mann aufstand, um zu gehen. Die Menge eilte auf den freien Platz zu, aber Soria hob sein Gewehr gerade so vom

Boden hoch, dass alle es mitbekamen, und er gab meiner Mutter ein Zeichen und sagte: »Bitte, setzen Sie sich.« Und das tat sie und dankte ihm.

James Caan trieb es mit der Brautjungfer an der Schlafzimmertür, genau so, wie er es auch im Buch tat. Es war eines der Highlights, auf das ich mich gefreut hatte, aber jetzt gerade war mir die Stelle peinlich, da ich mit meiner Mutter und Soria unterwegs war. Verdammt, dachte ich bei mir, erinnere dich später daran, wenn du allein in deiner Koje liegst. Hinter mir kicherte Soria und ich fragte mich, wie gut sein Englisch war, doch wir beide starrten atemlos auf Apollonia, als sie später im Film ihren Auftritt hatte.

»Würdest du gern nach Hause?«, fragte meine Mutter von der Seite.

»Nach Hause?«

Ich hatte darüber nachgedacht, aber war mir nicht sicher, ob dafür noch Zeit war. Ich war seit sechs Monaten nicht mehr zuhause gewesen, aber es fühlte sich deutlich länger an.

»Diego, könnten wir nach Hause für ein, zwei Stunden?«

Es nervte mich, dass sie ihn um Erlaubnis fragen musste.

»Auf geht's«, sagte ich, bevor Soria, der noch immer vor gutem Willen strotzte, Einspruch einlegen konnte. Wir waren aus dem Kino raus, und ich führte die beiden zur Bushaltestelle. Der Nachhauseweg war eine dreißigminütige Fahrt, und dieses Mal saß Soria hinter meiner Mutter und mir.

»Ich hab *guinatan* für dich gemacht. Es ist im Kühlschrank, ich kann uns was warm machen, wenn du willst.«

»Danke«, sagte ich schroff.

Sie legte einen Arm um meine Schulter, und ich zuckte zusammen, aber nach einer kurzen Weile fühlte es sich ganz gut an. »Behandeln sie dich gut?« Ich nickte, lehnte mich an sie und schlief ein.

Das Nickerchen machte mich schlapp. Ich fühlte mich schwach auf den Beinen, als ich durch die Haustür ging und die Dinge so vorfand, wie ich sie beim letzten Mal gesehen hatte – der Zenith-Fernseher mit der Holzverkleidung, die Fotoalben auf dem kleinen Ecktisch, die Hochzeitsfotos an der Wand.

Sie gab uns *guinatan* zu essen. Sie wusste, dass ich den dicken Maniokbrei vermisste, mit Kokosnussmilch und Jackfrucht bedeckt, die ich an so vielen Nachmittagen verdrückt hatte, und sie hatte wahrscheinlich die halbe Nacht damit verbracht, Maniokmehl zu murmelgroßen Bällchen zu formen. Ich war wirklich zu Hause. Ich stand auf, die Schale in meiner Hand, um in mein Zimmer zu gehen. Soria stellte sein Essen hin, um mir hinterherzulaufen, aber meine Mutter bremste ihn, indem sie sagte: »Ach, komm schon, Diego, er haut nicht ab, und falls er davonläuft, kannst du mich erschießen. Willst du noch was?«

Ich saß auf der Bettkante und sah aus dem Fenster auf das Dach der Nachbarn. Es führte raus zu Gassen, Kanälen, Brücken, Autobahnen. Es wäre so einfach gewesen. Sie hatte sich das Ganze wahrscheinlich so ausgedacht. Aber wozu, dachte ich, wozu? Das Gefängnisleben konnte einem Angst machen, aber das Leben da draußen noch viel mehr. Das Lager konnte ein warmer und gemütlicher Ort sein, und alles was man tun musste, war, ein bisschen Zeit totzuschlagen. Ich hörte meine Mutter in der Küche lachen und Soria mit unsicherer, monotoner Stimme sprechen. Auch er konnte froh sein, die Zeit im Lager totzuschlagen – kein Urwald, kein Hinterhalt, kein Malaria, einfach nur ein Tag nach dem anderen, sicher und geordnet. Wenn ich jetzt abhauen würde, würde sich alles ändern, für ihn und jeden im Lager, aber wenn wir uns alle richtig benahmen, war es durchaus möglich, dass eine generelle Amnestie erlassen würde, und wir würden freikommen, um Teil der neuen und gemäßigten Gesellschaft zu werden, die um uns entstand.

»Und er hat nie …«, meine Mutter stockte, als sie mich sah. Überraschung, Betroffenheit, Erleichterung, und fuhr fort: »… Probleme gemacht in der Schule, er hat immer gemacht, was man ihm gesagt hat.« Soria starrte ausdruckslos auf Fotos aus meiner Grundschulzeit.

»Es wird Zeit«, sagte ich.

Soria rülpste, als er aufstand, und lachte. Meine Mutter stand langsamer auf, schloss das Album und legte es zurück.

»Du musst nicht mitkommen, wir finden den Weg«, sagte ich zu ihr.

»Bist du sicher?«, fragte sie, noch voller Hoffnung.

Soria griff sich das Gewehr, das auf dem Sofa gelegen hatte. »Vielen Dank, Ma'am.«

»Jederzeit wieder«, sagte meine Mutter, ihr Blick noch immer auf mich gerichtet. »Ich sehe dich nächste Woche.«

Ich nickte. Soria beschäftigte sich mit dem Gewehr. Meine Mutter gab mir etwas Geld für die Fahrt, eine Plastiktüte mit Jongs Dumplings und ein Glas mit *guinatan*. Ich küsste sie auf die Wange, und weg waren wir. Eine Horde Kinder, fasziniert von der Waffe, folgte uns zur Bushaltestelle und sang dazu irgendein martialisches Lied.

Weder Soria noch ich sprachen auf dem Rückweg zum Camp, auch nicht während der ganzen Busfahrt, bis wir die Straße hinter dem Haupttor entlanggingen.

»Also, hat dir der Film gefallen?«

Er nickte, aber irgendetwas beschäftigte ihn. »Ist die Geschichte wahr?«

»Ich glaube schon, vor langer Zeit, in Amerika.«

Wir dachten beide für eine Weile an Amerika. Laut Leuten wie Malixi war das ein Land, das sich im Todeskampf mit seinen eigenen Exzessen befand.

Ich pfiff die Melodie aus *Der Pate*, als das Camp in Sichtweite kam. Sizilien, dachte ich, hier bin ich, Michael Corleone, und verteile das Heu. Die Sonne ging unter, und alle Besucher waren gegangen; wir trafen einige von ihnen mit ihren leeren Körben auf dem Weg. Wir waren zwanzig Minuten zu spät dran, aber was zur Hölle, der Sarge war ok.

Wir hörten Gelächter im Wachhaus, als wir das äußere Tor passierten. Die Leute hatten ihren Spaß an einem perfekten Sonntag. Ich würde mich eintragen, die Jungs wiedersehen, und ihnen die ganze verworrene Geschichte der Corleones erzählen, kein Schach heute Abend.

»Ihr seid spät dran«, sagte Sergeant Quiones, als ich vor Soria das Wachhaus betrat. Er stank nach Schnaps, und sein T-Shirt war ganz fleckig von Schweiß und Schnapsresten. Um seinen Tisch standen fünf andere Soldaten, die Kaffeetassen randvoll mit Whisky umklammerten. Mehrere leere Flaschen von dem billigen, lokalen Fusel standen aufgereiht auf dem Fenstersims. Der Sergeant hatte eine Flasche Johnnie Walker, nur für sich, neben zwei weiteren Importflaschen, die schon geleert waren. Die Soldaten starrten mich vergnügt an. Es schien, dass irgendeiner von ihnen mit seinem Schuh gegen die Wand hinter ihm kickte, während ein anderer katzenähnliches Gejaule von sich gab, wie bei irgendeinem Spiel.

»Es tut mir leid.«

»Er sagt, dass es ihm leid tut, Jungs. Sieht man ihm das auch an, was meint ihr?« Gekicher. »Was ist in der Tasche?« Er schnappte sich die Tasche aus meiner Hand und schüttelte sie über dem Tisch aus. Das Glas mit *guinatan* purzelte aus der Tasche und fiel beinahe zu Boden, doch Soria reagierte schnell und erwischte das Glas an der Tischkante. Der Sergeant warf die Dumplings zu den Soldaten, die sie ebenfalls herumgaben, bevor sie sich einen Biss genehmigten.

»Gib das mal her, Soria.«

»Das ist nichts, Sir …«

»Ich sagte, gib das mal her.«

Soria stellte das Glas auf den Tisch. Quiones hielt es fest und versuchte, den Deckel aufzuschrauben, aber er war schon zu betrunken. Soria hastete herbei, um ihm zu helfen. Quiones wandte sich mir zu und sagte: »Auf die Knie!« Er griff in meine Haare und drückte mich auf die Knie. »Schauen wir mal, wie leid es ihm tut …«

Soria stellte sich vor Quiones und sprach mit ihm in ihrem nördlichen Dialekt. Der Sergeant antwortete ihm. Doch als Soria seinen Arm festhielt, schüttelte er ihn ab und gab ihm eine Backpfeife. Die anderen Gefreiten lachten. Einer von ihnen wollte ihm einen Drink in die Hand drücken, aber Soria wich zurück.

»Das Problem mit euch Leuten«, sagte Quiones, während *guinatan* auf meine Stirn und mein Hemd tröpfelte, »ist, dass ihr glaubt, ihr wärt schlau mit eurer Schulbildung und allem, aber ihr vergesst, dass in dieser Universität hier ich der Professor bin!« Er imitierte Malixi mit seiner Pfeife, und die Bande grölte bis auf Soria. »Aguas, das reicht! Bring ihn raus zu uns.«

Ich hörte eine Toilettenspülung, Gerangel und Stöhnen. Malixi taumelte aus einer Tür, von der Hüfte an aufwärts nackt und nass. Seine linke Gesichtshälfte war völlig aufgedunsen, und aus der aufgesprungenen Lippe tropfte Blut. Ohne seine Brille wirkte er weniger abweisend, aber auch orientierungslos. Sein Bewacher Aguas tauchte auf und wrang ein nasses Hemd zu einem dicken Strang zusammen. »Dumm, dumm«, sagte der Sergeant. Aguas schlug Malixi auf den Hinterkopf, und der Professor fiel nach vorne. Quiones nahm das Hemd von dem Soldaten und warf es mir zu. »Mach dich sauber. Du siehst ja furchtbar aus.«

Ich schüttelte das Hemd und musste würgen; es war vollgesaugt mit Urin.

»Mach, oder unser Professor hier kümmert sich darum. Er sieht schon ganz hungrig aus.«

Ich wischte die klebrige Masse von meinen Wangen und Augenbrauen.

»Also, Soria, mach dir eins klar. Diese Leute, du kannst ihnen nicht trauen, sie sind nicht wie du und ich. Sie machen überall Probleme. Wir geben uns Mühe, dass alles ruhig vonstatten geht, gewähren ihnen großzügige Privilegien, und was tun sie?« Er schraubte den Deckel wieder auf das Glas. »Sie nutzen uns aus. Und sie können so dumm sein, unglaublich, mit ihrem schlauen Getue.« Er klopfte Soria auf die Schulter wie ein lieber Onkel. »Du bist ein guter Junge, Soria. Du bist zwar spät dran, aber hast ihn heil zurückgebracht.«

»Jawoll, Sir«, hörte ich Soria sagen, »Sie können mir vertrauen, ich hab die ganze Zeit ein Auge auf ihn gehabt.«

»Was ist passiert?«, fragte ich Malixi, als ich ihn zurück zu unseren Baracken brachte.

»Ich bin abgehauen, direkt hinter dem Haupttor. Irgendwas ... irgendwas ist über mich gekommen. Ich wollte nicht wieder hier rein.«

»Aber wieso?«

»Wieso! Wie kannst du das fragen?«

»Wie konntest du nur so dämlich sein?« Ich war sauer; er hatte es für uns alle versaut.

»Ich weiß es nicht! Vielleicht war ich das, all die Jahre!« Er weinte. »Ich hätte schon vor dreißig Jahren heiraten und Vater werden sollen oder überhaupt nicht.« Er packte mich an den Schultern und sagte: »Aber du, du bist der größere Dummkopf, du bist jünger, hast schnellere Beine, und trotzdem bist du wieder hier, so dumm wie ich, das hier aushalten zu müssen.«

Um uns herum bildete sich eine Traube, und Malixi wurde

fortgerissen in ein Meer aus Armen und Stimmen, und Jong zog mich nach drinnen.

Das bedeutete natürlich das Ende der Ausgänge, zumindest, bis ein neuer Kommandant übernahm und damit neue Möglichkeiten des Betrugs und der Schwindelei Einzug hielten. Besuche wurden für einen Monat ganz verboten, und viele von uns warfen böse Blicke auf Malixi, der sich noch mehr in sich zurückzog und sich von da an nicht mehr mit Schach, sondern nur noch mit Gärtnern beschäftigte.

Im August desselben Jahres, kurz nach meiner Entlassung und während einer heftigen Taifunsaison, brachten sieben Leute – inklusive Malixi und Jong – den ersten erfolgreichen Ausbruch aus Camp Sunflower über die Bühne, indem sie den Stacheldrahtzaun überwanden. Malixi und seine Familie nahmen die lange Bootsfahrt nach Borneo über Zamboanga auf sich und wurden in Malaysia als politische Flüchtlinge anerkannt. Das brachte ihn schließlich nach Kanada, und das Letzte, was ich von ihm gehört habe, war, dass er Geschichte und Deutsch an einer Universität in Vancouver unterrichtete.

Als ich Laurie das nächste Mal sah, war es Hochsommer, und der Rasen auf dem Campus hatte sich in ein braunes Stoppelfeld verwandelt. Der Vizeminister hatte eine Rede in einer Aula voller Wirtschafts- und Politikstudenten gehalten über das neue Wohnungsbauprogramm der Regierung – eine der üblichen Reden, großzügig gespickt mit Worten wie »Auftrag«, »Vorstoß«, »Initiative«, »Gerechtigkeit« und »bedeutungsvoll« –, und ich wollte noch länger dableiben unter dem Vorwand, auf der Suche nach Talenten mit ein paar Leuten aus der Kommunikationswissenschaft sprechen zu wollen; unsere PR-Abteilung wuchs ständig, kein Wunder bei all den Reden, Broschüren, Pressemitteilungen und internen Berichten, die geschrieben werden mussten für jeden neuen Auftrag, Vorstoß und jede neue Initiative, mit denen das Ministerium aufwartete, und die Universität war noch immer der beste Ort, um gute Leute zu finden. Tatsächlich gab es Zeiten, da dem Anschein nach die Hälfte aller Dozenten auf der Gehaltsliste der Regierung stand, als Berater für dieses oder jenes – Schriftsteller, Historiker, Soziologen, Psychologen, und, selbstredend, Ökonomen und Politikwissenschaftler –, sie alle mit hervorragenden Abschlüssen von Orten wie Cornell, Michigan und UCLA, und nicht wenige von ihnen Absolventen von oder Geflüchtete aus Fort Bonifacio und Camp Crame*.

Ich blieb also noch, spielte den Diener und hielt dem VM die Tür des Mercedes-Benz auf, nachdem ich ihn freundlich durch eine Gasse aus Professoren und hohen Tieren aus der Verwaltung geleitet hatte, alle darauf erpicht, ihm das Ohr vollzusäuseln. Er sprach kurz mit einem ehemaligen Kommilitonen aus Stanford, warf ihm zu dessen Freude ein paar ausgesuchte Häppchen Klatsch und Tratsch hin, und ich war mir sicher, der VM war froh, als ich in dem Moment den Benz für ihn herbeiwinkte. Der Prof funkelte mich an wegen meiner Unverschämtheit, aber ich ignorierte ihn; scheiß auf dich und deine Abschlüsse und deine Bücher und deine verdammte Makroökonomik, dachte ich bei mir, ich wette, der gute alte Freddie weiß besser, wo das Geld in diesem Land vergraben ist als du.

Es war ein heißer Tag, und ich lockerte meine Krawatte, nachdem der VM davongefahren war. Ich stieg in meinen Toyota – ein taubenblauer Corolla, Baujahr 1976, Rechtslenker, den das Ministerium von der Zollbehörde übernommen und mir zugewiesen hatte. Es muss das zurückgelassene Spielzeug irgendeines Trottels gewesen sein; zwischen all den beschlagnahmten Jaguars, Mercedes, Lancias und Volvos hatte dessen Lack bereits Rost angesetzt, da niemand auf die Idee gekommen wäre, für so eine Dummheit auch noch Steuern nachzuzahlen. Ein Aktenvermerk mit Quittierung reichte aus, von Amt zu Amt, und schon diente das Auto im Auftrag einer weiteren Regierungs-»Initiative«, nämlich meiner, und es fühlte sich gut an, mit einem vier Jahre alten, aber originalen Importwagen durch die Stadt zu düsen, obendrein mit Regierungskennzeichen, ganz abgesehen von der Verrücktheit, auf der völlig falschen Seite zu sitzen. Ich hatte sowieso gerade erst gelernt, Auto zu fahren, und die Umstellung verlief schnell und beinahe ohne Komplikationen; sie mussten sich auch an mich gewöhnen, diese Jeepney-Fahrer mit aufgerissenen Augen und Matronen nach dem Großeinkauf, die ich nur allzu gerne in helle Aufregung versetzte, indem ich sie überholte in einem Auto ohne Fahrer am Steuer. Andererseits war ich so auch immer weiter entfernt vom Verkehr und näher am Straßenrand; ein Rechtslenker im Rechtsverkehr war ein Extra an Sicherheit, abgesehen allerdings von den Linkskurven.

Ich fuhr eine Weile auf dem Universitätsgelände herum und überlegte mir eine schlaue Ausrede, wie ich um die lästige Aufgabe, neue Leute ausfindig zu machen, herumkommen könnte. Nicht, dass es den VM interessiert hätte; unsere Arbeitszeiten konnten wir größtenteils selbst bestimmen, solange sie mit dem Terminplan des VM übereinstimmten, und insofern war alles und nichts Arbeitszeit; Pokerzeit war Arbeitszeit und umgekehrt. Ich hatte mir das Pokerspielen selbst beigebracht, und durch das ständige Zugucken bei den regelmäßigen Viererrunden des VM glaubte ich, sie alle durchschauen zu können, anhand ihrer Gesten, ihrer Geräusche, ihrer Blicke.

Und so kam es, dass ich mich – wir hatten gerade unseren Halbjahres-Bonus bekommen, und ich hatte mein Herz an eine Stereoanlage verloren, zu der mir aber tausend Pesos fehlten – sowohl geehrt als auch bestens vorbereitet fühlte, mich an den Tisch mit dem Abgeordneten, dem General und Freddie zu setzen, da der VM seine Frau zu irgendeinem Debüt einer Nichte begleitete. Ich gewann die ersten Hände, alles lief wie am Schnürchen; Freddie passte sowieso immer und rühmte dann die Anderen für ihr Glück und Können. Er verlor nie mehr als fünf- oder sechshundert, aber sie liebten ihn, wie auch ich, und lachten über seine herzzerreißenden und unrühmlichen Geschichten, besonders jene, wo er in einen Scheißhaufen trat, um diesen dann den ganzen Weg bis auf die Pressekonferenz im Malacañan-Palast mitzunehmen. Aber der General verlor bald seinen Humor und erhöhte um ganze Tausend bei einem Spiel mit zwei Jungs in seiner und einer niedrigen Straße in meiner Hand, und ich besaß die Frechheit, es ihm gleichzutun und um weitere Hundert zu erhöhen, woraufhin er um weitere Tausend erhöhte, und so ging es weiter, bis selbst der Abgeordnete hinwarf, wobei er mich genau beäugte, und ich blinzelte, während es mir kalt über den Rücken lief, und dann musste auch ich passen und verlor alles außer ihrer Zuneigung, und sie lachten ausgelassen vor Erleichterung. Spiel niemals Poker gegen einen General in einem No-Limits-Spiel, murmelte Freddie danach und goss mir was vom Chivas Regal des Abgeordneten ein; jajaja, sagte ich und schwor, dem General bei der nächsten revolutionären Erhebung die Beine abzuhacken, aber natürlich passierte das nie. Der General entschädigte mich mit tausend Pesos, bevor er ging, in Anerkennung meiner Leistung, und die ließ ich bei Donna, einer Bardame auf der Timog Avenue, die gerne vorgab, die zu sein, nach der sie aussah: Ein erfolgreicher und überaus freundlicher Filmstar, der das Leben zu genießen schien ohne die leiseste Ahnung von Sex. Natürlich wusste Donna es besser; um kurz nach vier am folgenden Morgen, allen Geldes und Spermas entledigt, verließ ich Donna, humpelte zu meinem Auto zurück und schimpfte über mich selber, da ich die Rückleuchten über Nacht hatte brennen lassen. Ich war aus dem Motelzimmer geschlichen; sie hatte mit offenem Mund geschlafen, und ich konnte die Fetzen von frittiertem Hühnchen zwischen ihren Zähnen sehen, und ihr Lippenstift war über das ganze Gesicht verteilt, da ich zu sehr in Eile war, um sie zuerst duschen zu lassen, sodass sie ziemlich wild aussah und roch an diesem Morgen; ich tat das wahrscheinlich auch, aber es war niemand da, der es mir hätte sagen können.

Ich wohnte jetzt alleine, in einer Wohnung nahe dem Victoriano-Luna-Krankenhaus. Meine Mutter besuchte mich dann und wann, um meinen Kühlschrank aufzufüllen und meine Wäsche nach Löchern abzusuchen, die sie vielleicht flicken könnte. Ich protestierte dann für gewöhnlich, vorsichtig und dankbar, und gab ihr etwas Geld dafür; und sie protestierte dann auch, nahm das Geld aber trotzdem, da ihr die teuren Schulgebühren für Thea einfielen oder irgendein Medikament für Vater, damit seine Lungen sich von dem vielen Nikotin erholen konnten. Ich sah sie selten, wollte mich auch nicht mit ihren kleinen, alltäglichen Problemen befassen. Ich zahlte die Hälfte der Miete für die Wohnung in Novaliches, in die sie gezogen waren, und genoß die weiträumige Stille, die zwischen uns lag, so leicht wie Staub und Schatten. Ich konnte ihnen am meisten Liebe geben, sagte ich eines Sonntagmorgens zu mir, indem ich mich darauf beschränkte, der beste Bulaong zu sein, den sie sich vorstellen könnten; und meine Mutter, die für Liebe alles gab, tapezierte ihre Wände mit Fotos von mir in meinem komischen Auto, von mir und dem VM auf einer Reise nach Davao, von mir, wie ich für den VM eine Rede hielt vor einer Jugendorganisation in Guiguinto, und natürlich von mir in den USA, in den gelben Fluten des Herbstes. Er ist ein guter Junge, konnte ich sie zu den Nachbarn sprechen hören, wir hätten ihn beinahe verloren, damals, aber seht ihn euch jetzt an, er hat eigentlich alles, außer einer Frau.

Später zogen wir dann aus unseren Wohnungen aus und wurden wieder eine Familie; und dann flog ich zurück in die Staaten, und die Fotoalben meiner Mutter wurden dicker und dicker.

Ich sah Laurie an der Bushaltestelle nahe dem Dekanat, sie trug eine Tasche mit Büchern in der einen und einen orangenen Regenschirm in der anderen Hand. Es waren drei Wochen vergangen, seit sie mich wegen Benny um Hilfe gefragt hatte; ich hatte mit General Nieves darüber gesprochen, bei einem Empfang nach einer Militärparade (umso besser, dachte ich mir, wenn er sich in seiner Paradeuniform stark fühlt), und er ließ mich Bennys Namen auf einen Zettel schreiben, aber ich hatte seitdem nichts mehr von ihm gehört. In Wirklichkeit begann ich mir langsam Sorgen zu machen, dass Nieves Jungs, statt nach Benny zu fahnden, sich aufs Neue meinem Dossier, mit dieser kleinen Anfrage als zusätzlichem Ansporn, widmeten.

Ich bat Laurie um Entschuldigung, sobald sie ins Auto gestiegen war; ich hatte ganz kurz überlegt, ob ich einfach an ihr vorbeifahren sollte, um uns die Peinlichkeit zu ersparen, da sie ja gefragt und ich nichts herausgefunden hatte. Aber das wäre eine Ausflucht zu viel gewesen an so einem öden und freudlosen Tag. Als ich sie durch das offene Fenster lächeln sah und sie losprustete, weil sie um das Auto auf die andere Seite herumlaufen musste, war ich zufrieden mit mir, dass ich mich davongestohlen hatte. Es war nicht die Universität selbst, weshalb ich hatte länger bleiben wollen. Tatsächlich erschien die Universität – diese Universität – nach meiner Entlassung und Rehabilitation infolge meiner Arbeit für den VM wie ein Fremdkörper, und nur die Präsenz der Wachleute in weißen Polo-Shirts und die vielen Checkpoints ließen Erinnerungen in uns wach werden. Als ich eines Morgens durch den Campus fuhr, hatte ich frisch gepinselte Buchstaben der Wut gesehen: MARCOS HITLER DIK. Irgendwem war die Farbe ausgegangen oder die Zeit. Oder vielleicht die Stimme: Es war die Stille in den Korridoren, die mich bei meiner ersten Rückkehr auf den Campus vertrieb, dieses abscheulich regelmäßige Kratzen von Kreide auf den Tafeln, diese

Kuhaugengesichter, sehr ähnlich dem meinen. Das war eigentlich kein Grund abzuhauen, aber auch keiner zu bleiben; und das war vielleicht mein grundlegender Fehler gewesen, dass ich Revolution mit Reden und Lärm und Gesang gleichgesetzt hatte, mit einem bestimmten Gesichtsausdruck, mit einer Freiheit, die in Wahrheit erst noch gefunden werden musste, sodass, als all das verschwunden oder unter Stiefeln zermalmt war, ich keinen Grund sah, anzuhalten und den Wandspruch mit TATOR PUPPE zu vervollständigen.

Aber für Laurie hielt ich an. Ich fragte mich, wie sie es geschafft hatte, sich wieder aufzurichten und aus den Trümmern etwas Lebensmut zu retten.

»Danke, ich wusste, du würdest mir helfen«, sagte sie und warf ihre Sachen auf die Rückbank. »Ich weiß, er ist am Leben. Wenn sie nach ihm suchen, hast du viel erreicht.«

»Ich werde morgen mal nachhaken.«

»Gut. Ich bin dir sehr dankbar.«

»Ich kann dir nichts versprechen …«

»Das musst du auch nicht. Es ist alles gut, wirklich. Sollen wir über was anderes reden? Was hat dich hierher verschlagen?«

Ich erzählte ihr von der Rede des VM.

»Verstehe«, sagte sie, irgendwie abgelenkt. Sie schaute nach vorne, und wahrscheinlich fühlte es sich einfach merkwürdig für sie an, in einem Rechtslenker vorne zu sitzen. Das letzte Mal bestand sie darauf, ein Taxi zu nehmen, nachdem sie mir ihre Nummer gegeben hatte; ich hatte mich aber nicht bei ihr gemeldet.

»Wo darf ich dich hinfahren?«, fragte ich und fuhr auf die Katipunan Road.

»Du hast viel zu tun, oder?«

»Nein, heute nicht. Ich habe mir den den Rest des Tages freigenommen.«

»Wofür?« Sie lachte, aber irgendwie gekünstelt. Wenn ich gesagt hätte: »Ja, ich bin auf dem Weg zum Flughafen, um den Flieger nach Dublin zu erwischen«, hätte sie genauso gelacht, auf dieselbe Art.

»Ich fühlte mich einfach danach. Ich kann es mir leisten. Mein Chef weiß Bescheid. Also?«

»Also was?«

»Wo willst du hin …«

»Das weiß ich selber nicht. Ich hab so eine Art Spiel gespielt. Ich wollte den ersten Bus oder Jeepney nehmen, egal wohin, und ein bisschen rumfahren, dann ins Kino vielleicht, und dann nach Hause. Aber dann bist du gekommen.«

»Warum machst du sowas?« Ich schlängelte den Wagen um eine Ziegenherde, die aus den Büschen auf die Straße lief.

»Es gibt mir irgendwie einen kleinen Kick.« Sie drehte sich nach hinten und griff in ihre Tasche. »Macht es dir was aus, wenn ich rauche?«

»Nein.«

Sie bot mir eine Winston an und ich grinste, lehnte aber ab. »Hab vor drei Jahren aufgehört.«

»Na dann, weise mir den rechten Weg«, sagte sie.

»Das mache ich nur noch gegen Bezahlung.«

»Ich bin am Ende.« Sie nahm einen tiefen Zug und versuchte den Rauch aus dem Fenster zu blasen, jedoch ohne Erfolg.

»Ich dachte, die Schule wäre so aufregend«, sagte ich. Was studierte sie da nochmal? Wirtschaft? Schauspiel?

»Das ist sie. Aber ich nicht. Ich fühle mich … schlapp und alt. Häßlich sogar.«

Jetzt musste ich lachen. Sie hatte ihr Haar zu einem Pferdeschwanz mit Pony gebunden, sodass ihr Gesicht breiter wirkte als sonst, und kleine Falten formten sich um ihren Mund, aber sie konnte nicht älter als acht- oder neunundzwanzig sein, und mit etwas Make-up und einem Klecks Lippenstift würde sie als frische Schulabgängerin durchgehen, die gerade nach ihrem ersten Job Ausschau hält. Das sagte ich ihr auch so.

»Make-up? Wofür?«

»Damit du dich besser fühlst …«

»Wofür?«

»Für Benny von mir aus. Wenn sie ihn finden und zu dir bringen …«

»Er wird mit Sicherheit auch nicht gerade umwerfend aussehen«, erwiderte Laurie. Sie starrte auf den abgezäunten Komplex der Ateneo-Universität – ein anderer Campus, eine andere Welt für sich, und dahinter die gleißenden, geweißten Kämme von Marikina und San Mateo. Wenn du in gerader Linie über diese Berge laufen würdest, kämest du nach Quezon, und noch weiter, zum Pazifischen Ozean, kalt und tief, wo Papageienfische zwischen den verrottenden Wracks von Galeonen herumsausten, gleichgültig gegenüber allem außer den spitzen Fingern der Seeanemonen.

Laurie rieb sich die Wange mit der flachen Hand, und ein Krümel Asche landete auf ihrem Schoß und besprenkelte das Dunkelblau ihres Rocks, aber sie sah es nicht oder kümmerte sich nicht darum. »Ich will ihn eigentlich gar nicht sehen«, sagte sie, »ich meine, ich will nicht, dass er mich sieht. Ich weiß wirklich nicht, was das in mir auslösen würde. Aber such ihn bitte weiter, trotzdem.«

»Warum? Darf ich fragen, warum?«

»Die Dinge haben sich geändert …«

»Inwiefern?« Ich bog nach rechts auf den Aurora Boulevard ab und wir fanden uns wieder in einem Schwarm von Jeepneys. Ich wusste nicht genau, wohin wir fuhren, aber ich wollte Zeit mit ihr verbringen.

»Inwiefern? Schau dich doch mal an«, sagte sie. Sie warf die Zigarette aus dem Fenster und sah mir ins Gesicht. »Ich will dich nicht kritisieren. Vor Jahren hätte ich das, aber ich kann nicht mehr, will nicht mehr. Keine Sorge, wir sind Freunde.« Sie klopfte mir auf den Oberschenkel. Ein Lieferwagen schob sich vor uns, übervoll mit Hühnern, die Köpfe in alle Richtungen gereckt, mit aufgerissenen Schnäbeln und zuckenden Augen.

»Weißt du«, sagte ich langsam, »was mit mir passiert ist ... Ich weiß nicht, wie ich es sagen soll. Ich wollte einfach nicht sterben.«

Als sie mich aus dem Gefängnis entließen, wusste ich, dass ich nicht sterben wollte. Es war einfacher, mir einzureden, dass ich falsch gelegen hatte, aus jugendlichem Leichtsinn, als dass ich auf der richtigen Seite gekämpft hätte und durchhalten müsste, ein Held sein müsste trotz meines Alters, meines Rangs, trotz meines kläglichen Wunsches, ein alter, gebrechlicher Mann zu sein, um vor dem Fernseher in Tränen auszubrechen über irgendein Historiendrama aus den Siebzigern. *Wann, wenn nicht jetzt?* Irgendwann anders. *Wenn wir nicht handeln, wer dann?* Irgendjemand wird schon was tun. Andere wussten mehr, andere waren stärker, andere hatten feste, blutgetränkte Gründe, sich dem Feind entgegen zu stellen. Also lass sie. Das war meine Ausrede: Ich war ein Niemand, ein Nichts. Ich würde nicht dem glorreichen Gemetzel, nicht dem ehrenhaften Zug der Särge beiwohnen, der die Kapellen zum Leuchten brachte und die Totengräber mit Arbeit versorgte, von Belfast über Beirut über Soweto über Buenos Aires bis Diliman, gesäumt von Blumen, Müttern, Verlobten, Abschlusszeugnissen, unvollendeten Romanen, in der Pfanne brutzelndem Knoblauch, Haarbürsten, Sticheleien, dem undurchdringlichen Regen des Augusts. Wenn andere kämpften, dann weil auch sie sich weigerten, zu sterben oder zumindest so leben zu müssen, dass sie nicht sie selbst waren. Aber ich hatte keine solchen Gewissensbisse; ich könnte, würde jemand anderes sein, aber leben; ich konnte mit dieser Schuld leben, und überließ das Gute in mir und die Schmerzen den anderen. Nicht, dass ich mich in die Reihen ihrer Gegner eingliedern wollte – auch wenn ich das in gewisser Weise tat –, aber ich wählte den sicheren, ausgetretenen Pfad der Vergesslichkeit und des geringeren Leids (bespuckt zu werden, vergessen zu werden, auch von sich selbst; vollkommen egal).

Ich erkannte, dass ich mit meinen Sätzen Geld verdienen könnte, so billig sie auch waren, es waren viele, nur gebremst durch mein Bedürfnis nach Schlaf. Eines Morgens fischte ich mir im Haus meiner Eltern das Kreuzworträtsel, das Vater begonnen hatte (26 senkrecht: Kathedrale in Frankreich: CHARTRES. 35 waagerecht: Nordafrikanischer Fuchs: FENNEK) und fand auf der Seite daneben eine Stellenanzeige: Texter für ein Magazin namens »Fresco«.

Und so lernte ich Freddie Sanz kennen, der mich auf die Probe stellte, indem er mich für ein kurzes Feature auf die Plaza Santa Cruz schickte, wo gegenüber dem Kino Savoy Sexspielzeuge verkauft wurden – Peitschen, Bälle, Spanische Fliegen und anderes Zeug –, und es muss Freddie beeindruckt haben, dass ich mit der offensichtlichen, ironischen Feststellung begann, dass diese Händler ihre Ware in Spuckweite zur Monte de Piedad, dem Berg der Frömmigkeit, feilboten, der ältesten Bank des Landes; und das Savoy führte nach Italien und zu den Borgias und damit zur Wollust. Überhaupt hatte alles bei Fresco mit Wollust zu tun, je schneller, desto besser, im Blatt und im Büro, gelegen an einer Nebenstraße der Escolta Street, in einem Gebäude, in dem, wie Freddie behauptete, im Jahr 1936 eine *mestiza* ihren englischen Liebhaber erschoss, sich aus dem Fenster stürzte, um dann von den Ornamenten einer darunter stehenden Laterne aufgespießt zu werden. In dem, was unsere Bibliothek darstellen sollte, häuften sich alte Playboys, Esquires, Coronets und True Detectives, aus denen wir uns regelmäßig Geschichten und den dreckigen Humor klauten; Freddie hatte noch einen eigenen Schrank mit Titeln von Grove und Olympia Press und zerschlissenen Taschenbuchausgaben von Petronius, Boccaccio, De Sade und Krafft-Ebing. Abends stapfte Freddie über die Jones Bridge und suchte die Bar des Presseclubs auf, um mit anderen zu würfeln und Gerüchte für die politische Kolumne zu sammeln, die als Alibi herhielt, um Fresco als »Der vollkommene Begleiter« anpreisen zu können. Und ich hing mich an ihn dran, begierig, meinem Wissen eine neue Dimension hinzufügen zu können.

Früher einmal hatte Freddy fürs Priesteramt studiert, zumindest sagte er das, und daher kannte er all die lateinischen Kirchenlieder, und auf dem Rückweg über den Pasig krächzte er allzu gerne *O Salutaris Ostia*, bevor er das Geländer in Beschlag nahm, um weißschaumige Kotze in den pechschwarzen Fluss zu spucken und Jesus, die Jungfrau Maria und sogar seine eigene Mutter zu verfluchen.

Im Presseclub war ich bald als »Freddies Junge« bekannt, was mich unendlich nervte, ich aber als eine Art kleine Buße zu ertragen lernte; ich rechnete Freddie hoch an, dass er sich nie an mich ran machte, mich nie in den Copa Club in Malate mitschleppte, wo Freddie, so wurde erzählt, das Werbebudget eines ganzen Jahres innerhalb eines Monats für die Jagd auf einen Typen namens Morley zum Fenster rausgeschmissen hatte. Er hatte sogar ein Gedicht auf die Rückseite drucken lassen, in dem die ersten Buchstaben der Zeilen zusammen MORLEY ergaben: *Muss ich diesen leeren Becher tragen/ Oh du, stille Freude / Ruf den Namen*, und so weiter. Wenn Freddie sich konzentrierte, war er ein ganz passabler Prosaschreiber, aber dieses Gedicht war grottenschlecht, und das sagte ich ihm auch, als die Bar dicht gemacht hatte und der Biernachschub versiegt war, und das machte ihn so wütend, dass er tagelang nicht mehr mit mir sprach. Als er das nächste Mal mit mir redete, rief er mich in sein Büro, um meine Schreibweise des Wortes »grölend« in einem Artikel über die Olympiade zu beanstanden, und dieses Mal war ich genervt, auf einen Fehler aufmerksam gemacht zu werden, aber er schleuderte mir nur das Manuskript entgegen und seufzte: »Du schreibst gut. Besser als ich. Ich sollte dich behalten. Ich weiß noch nicht, wofür, aber ich werde dich noch brauchen können.«

Als der neue Vizeminister für Soziale Wohlfahrt, einer der Protagonisten in einer Serie im Fresco mit dem Titel »Männer, die entscheiden«, Freddie in seine Truppe aufnahm, nicht fürs Schreiben, sondern fürs Speichellecken, war auch ich gerettet.

Ich nahm sie mit nach Hause, mit in mein Bett. Wo sollte man auch sonst hin, was sonst tun an so einem langen und schmucklosen Nachmittag.

Im Auto war Laurie still geworden. Sie hatte versucht, sich noch eine Zigarette anzuzünden, aber ihre Hände zitterten, und sie legte die Zigarette auf das Armaturenbrett.

»Was ist los?«, fragte ich.

»Nichts, fahr einfach weiter, bitte«, sagte sie, und legte beide Hände in den Schoss wie eine brave Schülerin.

Ich bog ab in die Anonas Extension. Wir stießen auf einen weiteren Pulk von Jeepneys und Dreiradtaxis, und ich zog die Handbremse, um meinen Fuß zu entspannen. Auf der kurzen Brücke, die wir überqueren mussten, navigierte ein Mann mit nacktem Oberkörper, schimmernd vor Schweiß, den Verkehr und versuchte, einen Holztransporter hochzustemmen, dessen Kotflügel sich an der Betonleitplanke verhakt hatte. Der Mann schimpfte einem Taxifahrer hinterher, der sich mit seinem Dreirad durch eine kleine Lücke gemogelt hatte, während der LKW hin und her manövrierte. Als ich zu Laurie blickte, weinte sie wieder.

»Wonach suchen wir?«

Ich konnte sie kaum verstehen. »Ich warte bloß darauf, dass es hier weiter geht«, sagte ich.

»Das meine ich nicht«, sagte sie. »Was macht dich glücklich, Noel?«

»Ehrlich? Sicherheit. Komfort. Spaß. Die Möglichkeit, das alles genießen zu können. Mir selbst Gutes zu tun.«

»Und was ist mit den anderen?«

»Ich kann mich nicht um alle kümmern. Wir haben alle unsere Chancen.«

Die Worte glitten mir aus dem Mund ohne schlechtes Gewissen. Ich hatte mir dieselben Dinge immer und immer wieder eingeredet, bis alle Qual vergangen war, bis sich meine Schuldgefühle in eine Art Mauer verwandelt hatten, an die ich mich sogar anlehnen konnte. Es gab clevere, simplere Formulierungen, die ich mir in Reserve hielt: Was gut für dich ist, muss auch gut fürs Volk sein; hilf dem Volk, hilf dir selbst.

»In Dumaguete …«, fing sie an zu sprechen, aber ich drehte den Zündschlüssel um. Eine Lücke tat sich vor uns auf; der Lastwagen bewegte sich vorwärts.

»Ja?«

»Da war kein Job, keine Bank. Kein Mann. Ich war im Untergrund mit anderen. Aber dann bin ich abgehauen, ich hab es nicht mehr ausgehalten und bin hierher. Ich glaube nicht, dass sie überhaupt wissen, wo ich bin.« Sie wischte sich mit den Fingern über die Wange. »Es tut mir leid, ich habe dich angelogen.«

»Aber warum hast du dir das überhaupt ausgedacht?« Mir war zum Lachen. Ich dachte an Mandoy Imoy und seine verrückten Geschichten.

»Weil ich genau das sein wollte.«

Wir sagten nichts mehr. Ich führte sie in meine Wohnung. Sie saß auf dem Sofa, während ich in die Küche ging und uns etwas Cola eingoß. Für eine Weile saßen wir nebeneinander, nippten an der Cola, ohne etwas zu sagen. Dann stellte sie ihr Glas beiseite, noch nicht ausgetrunken, und begann, den grauen Fleck auf ihrem Rock zu bearbeiten. Ich nahm ihre Hand, die, die sich bewegte.

»Lass uns nach oben gehen«, sagte ich. Sie nickte. Ich stand auf.

Es war hell genug, sogar mit heruntergezogenen Jalousien. Meine Bettwäsche war hellblau. Es war, als ob wir badeten. Wir lagen nebeneinander im Bett, die Gesichter einander zugewandt, und mein Finger streichelte ihre Brauen, ihre Nase, ihre Lippen. Sie nahm meine Hand, küsste sie und legte sie dann auf ihre Brust. Ihre blasse Haut leuchtete; meine gespreizten Finger darauf wirkten wie Sonnenstrahlen. Sie atmete tief, rollte sich auf den Rücken, und der Schatten bewegte sich auf ihrer Haut. Mein Hand schrieb immer größer werdende Achten. Ich fand ihre feuchte Stelle und ihr Mund öffnete sich; ihre Augen waren geschlossen. Wir hatten uns nicht geküsst. Ich stützte mich auf einen Ellenbogen, drückte meine Lippen auf ihr Schlüsselbein und führte sie von da zu ihren Lippen, inhalierte ihre kurzen Atemstöße. Sie spreizte ihre Beine und wir vereinigten uns. Ich hatte beide Hände unter ihr, spürte die gekräuselten, gehärteten Narben der Schrapnellwunde. Sie presste sich an mich, und ich wich zurück, aber sie hielt mich fest umklammert; und dann ließ ich sie nicht mehr los.

Wieder sagte sie, sie würde einen Jeepney oder ein Taxi nach Hause nehmen, und ich protestierte nicht. Es war noch hell draußen, obwohl wir, halb im Schlaf und halb verloren in Gedanken, für Stunden nebeneinander gelegen hatten. Ich wollte ihr etwas Geld geben, bot ihr einen Job an, aber sie wollte nichts davon.

»Such einfach weiter nach Benny«, sagte sie.

»Aber warum willst du ihn nicht sehen?«, fragte ich, und hätte fast noch angefügt: »Du hast ihm nichts getan.«

»Ich will einfach gerade niemanden aus der Bewegung treffen.«

»Du hast mich getroffen …«

Sie lachte. »Du zählst nicht. Ich meine … für dich ist es vorbei. Das verstehst du, oder?«

Ich zuckte mit den Schultern und fragte: »Bist du denn jetzt auch wirklich draußen?«

Sie nahm ihre Tasche mit den Büchern, eine übergroße Ausgabe der *Odyssee* guckte raus. »Ich hab zu viel um die Ohren. Mein Studium, der Job … das ist für mich jetzt alles, was zählt.« Sie hob einen Fuß, um sich die Schnürsenkel zuzubinden. »Ich würde gerne irgendwann mal unterrichten. Ich glaube, das ist es, was ich wirklich will. Es ist sinnvoll, ich hab zu tun und werde ständig was Neues lernen. Zumindest sagt man das so.«

»Was ist mit Geld und einem Mann?« Ich nahm das Glas mit der warmen, abgestandenen Cola vom Couchtisch und trug es zur Spüle.

»Blutgeld und ein Fascho-Macho.« Sie lachte trocken. »Damit wird es enden bei mir, da bin ich mir sicher. Und ich hab es auch nicht anders verdient.«

»Du glaubst noch immer an die Sache, oder?«

Sie spielte mit ihrem Regenschirm herum, öffnete und schloß ihn. »Keine Ahnung, warum ich den überhaupt gekauft habe.« Dann sah sie mich an, fast verloren. »Ich werde dich nicht mehr treffen. Für eine Weile. Ich … ich kann einfach … wir können das nicht …«

»Ja«, sagte ich, »ich weiß.«

Und da bin ich, »Noel Ilustre Bulaong«: Ich habe diesen Namen so oft Schwarz auf Weiß gelesen, dass ich glaube, er existiert unabhängig von mir. Meine Leser kennen ihn aufgrund seiner Vorliebe, mit Stars um sich zu werfen oder sie ihnen im »Elmira Cine Guide« vorzuenthalten, ein Name, der die Eleganz des Fremden enthält und zugleich eine verwirrende Verspieltheit offeriert: No-wail, Noe-well, Ill-luster, Ill-astray, Bull-y, Boo-lay, Beaulah Wong, Billy Young. Ich bin seit vier Jahren in Elmira, und bin immer noch Billy Young, mit schielenden Augen im oder aus dem Sonnenschein, am Ufer des Sees, im Wald, diesem nordamerikanischen Wald, mit Eichen, Buchen und Sassafras, im Sommer eines anderen Kalenders, zwölf Stunden rüber in eine andere Zeitzone.

Nach vier Tagen ungebremsten Sonnenscheins zogen Gewitterwolken über Elmira, früh am Morgen des Tages, an dem ich abreiste, und die Bäume um die Stadt standen frisch und grün in der angenehmen Regendusche, und der Geruch von Stinktieren waberte im Unterholz. Einiges verstummte, anderes heulte auf, während die Jahreszeit und der Tag und die Stunden sich anstrengten, ein letztes Mal die matte Hitze festzuhalten, bevor der Herbst heranstürmte.

Der Film auf den Bordfernsehern ist eine Komödie, die ich schon gesehen habe, über ein kinderloses Paar, das ein Baby klaut, aber ich habe die Kopfhörer weitergegeben und muss nicken und lächeln, wenn Larry Weiskopf sich krümmt vor Lachen. Ich muss lächeln, damit er meinen toten Vater vergessen und sich entspannen kann, aber diese Gefälligkeit wird ermüdend, und ich schließe die Augen. Ich laufe wieder im Wald, überlege dabei, was ich über *The Makioka Sisters* schreiben soll, die bald im Art-Deco-Filmtheater von Elmira auftreten werden, denke jetzt aber stattdessen an Nina, Laurie und Jenny, die mit bunten Bambussonnenschirmen über eine Regenbogenbrücke wandern, im Nieselregen und aufsteigenden Nebel. Meine Gedanken haben sich in eine Leinwand verwandelt, eine reflektierende Platte, und die Szenen, die darüber huschen, sind meist unscharf, kaum zu greifen, etwas, das zwischen zwei Wimpernschlägen, zwischen Lippen oder unter Fingernägeln eingefangen werden kann. Etwas anderes bringt mich dazu aufzuwachen, bevor ich mich ganz in dieser dummen Romanze im warmen Dunst verliere, weil ich, Noel Ilustre Bulaong, so zuhause in Elmira bin wie die Makiokas, mit denen ich nichts gemein habe. Ich sammele also meine eigene Geschichte zusammen, finde meinen Namen wieder, verneine Herbst und Winter, mache Schnappschüsse von Äpfeln und Goldruten, um sie auf nassem Papier in Mangos und *talahib*-Gras zu verwandeln.

Nicht falsch verstehen, mir gefällt es dort. Wie es im Mittleren Westen so ist, hat Elmira einiges zu bieten, was die Eingeborenen höchstwahrscheinlich vermissen, wenn sie nach New York ziehen oder sich dem Friedenscorps in Nauru anschließen: Weihnachtskarten-Häuser mit spitz zulaufenden Dächern, Forellen aus dem See, einen von Zedern gesäumten Fluss, Eisenbahnschienen, die sich in der flachen Ebene verlieren, ein White Castle-Restaurant, einen Goodwill-Laden, K-Mart, eine Mall in der Pampa, eine Grand Street South und eine Grand Street North, zwei katholische und vier protestantische Kirchen, eine Erwachsenenbuchhandlung innerhalb einer drei Blocks großen Kampfzone, eine staatliche Hochschule, vor allem bekannt für Untersuchungen über die Anwendungsmöglichkeiten der Nuklearforschung auf die Landwirtschaft (und, weniger berühmt, ein Institut für Englische Literatur mit einer Vorliebe für exotische Studenten, die sich als wissenschaftliche Hilfskräfte nützlich machen können), und, aus Gründen, die wahrscheinlich irgendwie aus der Zeit der Great Depression herrühren, fünf Kinos, die jeweils, mit geringem bis mittelmäßigem Erfolg, ein anderes Publikum bespielen (sogar Leute aus Pennsylvania, das gerade mal eine zwanzigminütige Autofahrt entfernt ist), und ich bin wahrscheinlich der Einzige, der sich alles anschaut von *Amarcord* über *Surf Nazis Must Die* bis hin zur unvermeidlichen Neuauflage von *Gone with the Wind*, alles für zehn Dollar und einen zweitausend Zeichen langen Werbetext. Ich kann Elmiras Straßen entlanglaufen mit der Gewissheit, dass ich im allerschlimmsten Fall aus einem Flur oder Fenster mit irgendeiner rassistischen Beleidigung bedacht werde. (»Das juckt mich doch nicht«, habe ich gelernt, mir einzureden und dabei an das Vergnügen zu denken, wie es wäre, mich auf der Stelle umzudrehen und meinem Quälgeist ein, zwei Fragen an den Kopf zu werfen, nur, um ihn zu verwirren: »Schnell, von welchen Ländern sind Kinshasa und Vaduz die Hauptstädte?« oder »Was ist der Unterschied zwischen Azur- und Coelinblau?« oder, ein bisschen gröber, »Was zur Hölle weißt du schon, wen interessiert's, was du denkst?«; aber nein, vielleicht drehen sie dann den Spieß um. Obwohl viel Zeit vergangen ist, zucke ich bei verbalen Attacken jeglicher Art, selbst wenn sie äußerst unbeholfen geäußert werden, noch immer zusammen, und ich habe mir angewöhnt, schnell zu gehen, außer im Wald. Ich achte auf alle Ampeln und Straßenschilder, und ich zahle alle Rechnungen gewissenhaft mit meiner Visakarte.)

Aber wer weiß, eines Tages kann sich das alles ändern. Vielleicht gewinne ich zehn Millionen in der nächsten Clearinghouse-Lotterie oder heirate oder packe, in einem Moment geistiger Verwirrung (oder plötzlicher Hellsichtigkeit), meine Koffer und fliege für immer nach Hause von Detroit oder Chicago, nach Hause nach Möchtegern-Bali Hai* und Möchtegern-Vietnam, das Zuhause echter Experten der Orthografie von Namen, die in DIN-A4-großen Dossiers aufbewahrt werden.

Aber was würde ich Jong sagen? Oder Laurie? An einem bestimmten Punkt unserer Jugend hätte Laurie verstanden, dass es andere, genauso echte Bedürfnisse gibt, so wie Jong es getan hat, *oooh, makes me wonder.* Ihm könnte ich sagen: »Ich habe getan, was ich konnte« oder ihn fragen: »Was kann ich noch tun?«, aber inzwischen weiß er besser als ich, was es zu tun gibt – sag mir, wie sehr sich das Elend unserer unterdrückten Massen vergrößert hat, seit ich das letzte Mal hingeschaut habe, was ein Kilo Reis kostet, wie die neuen Ausbeuterbetriebe die Tennisbälle produzieren, mit denen ich um mich schlage und an Bäche und Vögel verliere. Aber Jong, »Wir sind nichts als Tennisbälle für die wichtigen Leute«, wie mein Kumpel sagt, mein neuer Kumpel, aber du würdest nicht lockerlassen, als ob du gerade erst gelernt hättest zu lesen, und sagen »Eine Revolution ist keine Dinner-Party, die Massen sind die wirklichen Helden, bereit zu kämpfen, bereit zu gewinnen, diene dem Volk, in schwierigen Zeiten dürfen wir nicht das Erreichte aus den Augen verlieren, müssen unseren Blick auf die strahlende Zukunft richten und Mut fassen, diene dem Volk, Noel, diene ihnen, wie du es früher getan hast, mehr sogar, weil all die Worte der englischen Sprache dich nicht herausholen werden von dort, wo du bist.«

Ich hab was erreicht, Leute: Ich hab an ein paar großen Strippen gezogen und Benny aus dem Gefängnis geholt, hab ihn nach all den Jahren in einem Lager im tiefen Süden gefunden, wo sie ihn als eine Art Ordonnanz bei sich behielten, wie ein Haustier beinahe; er hätte gehen können, dachte ich, aber sie hatten ihn völlig gebrochen mit Drogen und dem ganzen Repertoire an »Maßnahmen«. Er zitterte, als er aus dem Armeeflugzeug gestiegen war, und es dauerte eine Weile, bis er mich erkannte, als ob er sichergehen wollte, dass es dieses Mal erlaubt war, und vielleicht fragte er sich, warum ich da war, ein Zivilist unter Uniformierten und doch nicht ihr Gefangener.

Es war, natürlich, General Nieves' göttliche Fügung, die uns beide hierher verfrachtet hatte, aber als ich Benny erblickte, war ich trotzdem ziemlich überzeugt, dass es an mir war, diesen Moment zu genießen.

Sofort wählte ich Lauries Nummer; sie stand in meinem Terminkalender, aber ich hatte sie in all den Wochen nie angerufen, nicht einmal nach dem Tag in meinem Apartment. Ich hatte dem Drang widerstanden; was hätte es zu sagen gegeben? Sie wirkte noch verwirrter als ich es je gewesen war; sie suchte nach innerer Ruhe; ich verstand das, und wollte nicht, dass ihre Unsicherheit mich beeinflusste. Sie würde Lehrerin werden, sich ihre Zukunft bauen aus Büchern; also lass sie.

Aber jetzt hatte ich Neuigkeiten zu berichten, und Benny als Trophäe, der in meiner Wohnung wartete, seine Gedanken ordnete und Kohl schnippelte für unser Abendessen. Vielleicht würde sie ihre Meinung ändern und zu ihm eilen; und sie würde mich für einen Moment ansehen und wissen, dass ich nichts erzählen, mich nicht ärgern würde, und sie alleine lassen, ihnen das Schlafzimmer oben überlassen würde, während ich ins Auto steigen und nach Timog oder ans Ende der Stadt fahren würde, um mich zu verlieren inmitten von Leuten, die ich nicht kannte und die ich nicht lieben wollte, konnte.

Benny hatte mich nach ihr gefragt, klar, und ich hatte ihm alles erzählt, was ich konnte. Er schien erleichtert, als er hörte, dass sie in der Nähe war. Dann wollte er mehr über mich wissen, und ich sagte ihm geradeheraus, dass ich inzwischen anders dachte über vieles von früher, und dass ich es verstünde, falls er nichts mehr mit mir zu tun haben wollte.

»Sei nicht dumm«, sagte er. »Ich bin nicht dein Richter. Sowas passiert.«

»Dir nicht.«

»Ich war ihr Diener, oder etwa nicht. Ich habe ihnen das Essen gebracht, ihre Schuhe poliert. Einige haben mir sogar ihre Waffen zum Reinigen gegeben!« Benny kicherte. »Ich hätte sie vergiften sollen, oder zumindest Dreck in die Läufe stopfen. Aber das hab ich nicht. Ich war vertrauenswürdig. Sonst hätten sie mich nicht einfach so gehen lassen. Sind die Stücke so groß genug?«

»Weißt du, Benny … ich könnte dir einen Job besorgen … es

ist ein ziemlich großer Laden, wo ich arbeite, da gibt es sicher was …«

»Danke, aber ich will dir nicht zur Last fallen. Ich weiß das alles sehr zu schätzen, wirklich, aber ich glaube, es ist besser, wenn ich auf eigenen Füßen stehe. Ich brauche nur etwas Zeit. Es gibt eine Menge, worum ich mich kümmern muss, kleine Dinge …«

»Ich verstehe. Wenn es irgendwas gibt, das ich tun kann …«

»Laurie. Ich würde Laurie gern sehen.«

»Ich ruf sie nochmal an.«

Aber Laurie war nicht zuhause oder ließ das so ausrichten. Sie wohnte in einem Wohnheim für Frauen; ich konnte den Fernseher hören und Frauengelächter. Ich hinterließ eine Nachricht. Sie rief nicht zurück, und als ich es früh am nächsten Morgen, einem Dienstag, wieder versuchte, wurde mir gesagt, dass sie mit dem ersten Bus nach Baguio gefahren war.

Ich erzählte Benny davon, und nach zwei Tagen hörte er auf nachzufragen, und ich spürte, als ich ihn seine Kleidung bügeln und einen Sprung im Badezimmerboden ausbessern sah, dass er angefangen hatte, sich mit den gewohnten und unmissverständlichen Pflichten eines normalen Lebens zu arrangieren.

Drei Wochen später war Benny tot, aus dem Pasig gefischt mit ausgestochenen Augen und gebrochenen Fingern. Ich sagte nichts, als ich General Nieves am folgenden Freitag traf, aber er tat es, nahm mich beiseite, mit dem Ausdruck eines von tiefem Schmerz geplagten Mannes.

»Noel, ich hätte dir das schon früher sagen sollen, aber du hättest mir nicht geglaubt. Dein Freund … in dem Augenblick, als wir ihn freiließen, war er bereits so gut wie tot. Er war zum Tode verurteilt, von *ihnen*, Noel, den Kommunisten. Sie konnten ihm nicht mehr vertrauen.« Nieves beobachtete, wie ich es aufnahm; dann redete er weiter: »Weißt du noch, wir haben ihn an einem

Montag entlassen. Schon am Donnerstag war er wieder bei deinen Freunden, deinen alten Freunden, Noel. Du kannst diesen Leuten nicht trauen. Kein Wunder, dass sie einander nicht vertrauen, und das sollten sie auch nicht, niemals.«

Wir beerdigten Benny an einem Tag, den wir sonst wohl am Strand verbracht hätten. Der Himmel war blau und der Kiesel kitzelte auf der Haut. Eine Gruppe junger Leute, wir kannten keinen von ihnen, sang Lieder aus alten Tagen mit der Würde der Unschuld, während die wenigen von uns, die Benny schon kannten, als die Lieder noch neu waren, still am Rand der Trauergemeinde standen – mit Ausnahme von Jong, der verschollen blieb und der vielleicht selber bereits tot war, nach allem, was wir wussten. Ich hielt Lauries Hand. *O sorrowful night, of deepest darkness.*

Wir waren darauf vorbereitet, uns von der getragenen Stimmung und den schrecklichen Details von Bennys Tod überwältigen zu lassen. Er war jetzt unter den »Geborgenen«, so nannte Manilas Polizei in einer kuriosen Umkehr der Logik jene, die von den Todesschwadronen verstümmelt und zum Verfaulen in Flüsse geworfen wurden. Wir vergaßen unseren Alltag und unsere Jobs in Gedenken an Benny. Beim Leichenschmaus ließen wir unseren Erinnerungen mit einer bewussten Pietätlosigkeit freien Lauf, vertrieben die Schwermut, die nichts mit dem Tod zu tun hatte, indem wir unsere alten Bande wieder knüpften, unter uns und mit dem gefallenen Benny.

Aber ich verließ das Begräbnis unglücklicher als in dem Moment, wo ich die grässlich aufgedunsene Leiche zu Gesicht bekam. Das hätte dir nicht passieren dürfen, Benny, dachte ich, in einem Anfall wiederkehrender Panik, du warst dafür bestimmt, uns zu retten, du warst für uns verantwortlich.

Ich fuhr Laurie nach Hause ins Wohnheim. Sie hatte geweint, soviel sie konnte die Tage und Nächte zuvor, beim Leichenschmaus, in meiner Wohnung. Sie hatte einmal bei mir übernachtet, und in der Bewältigung unserer gemeinsamen Trauer und Sinnesleere versuchten wir, uns noch einmal zu lieben, aber wir kriegten selbst das nicht hin. Es würde nichts mehr kommen außer weiterer Schuld, alles Gutgemeinte war Schatten gewichen.

Und wieder wachte ich wegen Jong auf, diesmal aus einem Traum über Pferde, keine Eidechsen weit und breit. Das Klopfen war diesmal viel sanfter, und ich stand auf, reckte meinen Kopf aus dem Fenster und sah ihn zu mir hochschauen, mit einem Gesicht, das voller wirkte als beim letzten Mal, da ich ihn gesehen hatte. Voller, weil älter – es waren sieben Jahre vergangen seit Sunflower; ich wusste das, zählte und durchlebte jedes einzelne von ihnen, sobald ich ein bisschen Zeit totzuschlagen hatte. Und ich hatte auch mit dem Gedanken gespielt, war mir aber nicht sicher, wie oder ob ich Jong wiedertreffen sollte, insbesondere nach Bennys Tod. Spätestens eine Woche nach der Beerdigung hatte ich mich in mein neues Ich zurückverwandelt, und ich kämpfte mich an diesem Morgen durch einen Kater, den ich mir im Zuri Inn eingebrockt hatte. *To find I'm king of the hill top of the heap these vagabond blues are melting away …*

»Komm rein.« Ich überlegte, ob ich ihn umarmen sollte. Meine Güte, war der groß geworden.

Jong trat ein und ich machte die Stehlampe in der Ecke an. Im Gegensatz zu mir lächelte Jong nicht, und um die komische Situation aufzulockern, bot ich an, Kaffee zu machen, was aber auch nicht half.

»Alles gut, ich bin bald wieder weg«, sagte er.

»Na gut, ich mach trotzdem welchen. Für mich«, erwiderte ich.

»Ja, für dich«, sagte er, und ab da wusste ich, warum er hergekommen war.

Ich machte Kaffee – Instantkaffee, vergiß Melitta. Jong blieb im Wohnzimmer, saß steif nahe der Tür.

»Ich freue mich, dass du mich gefunden hast«, sagte ich.

»Dein Vater hat mir erzählt, wo ich dich finde.«

Ich glaubte nicht, dass mein Vater Jong kannte oder sich an ihn erinnerte, aber aus seiner Sicht hatte ich nichts mehr zu verbergen, und ab und zu kam er zu mir, brachte Okraschoten oder Tomaten aus seinem kleinen Gemüsegarten mit im Austausch für Importkaffee und meine alten TIME-Ausgaben. Ich war peinlich berührt, als er einmal fragte, ob ich ihm über den VM einen kleinen Schreibtischjob in der Zweigstelle in Tigbawan besorgen könnte, und ich musste ihm sagen, dass ihm die Büroarbeit das eine gute Auge ruinieren würde; aber er sah mich nur an und fragte nie wieder nach Gefälligkeiten, und selbst später, als ich ihm Pakete aus den Staaten schickte, schrieb er mir, um sich zu bedanken und zu betonen, dass er mir als Gegenleistung dieses oder jenes Gemüse schenken würde, sobald ich sie besuchen käme.

»Wie geht's deiner Familie?«

»Es geht ihnen gut. Lolo Waldo ist bei dem Brand gestorben, in Tambakan …«

»Ja, ich erinnere mich an Tambakan«, sagte ich in ehrlicher Zuneigung.

»An was davon kannst du dich erinnern?«, fragte Jong ungewöhnlich direkt.

»Wie schwer das Leben dort war … das Schwein … der Müll …«

»Es hat sich nicht viel verändert, für einige von uns.«

»Du siehst anders aus, hörst dich anders an. Ich wette, du hast eine Menge gelernt in deiner Position«, sagte ich, etwas zu forsch. Ich war mir mittlerweile sicher, dass Jong im Untergrund geblieben und auf der Karriereleiter nach oben gestiegen war, seine »Bewusstseinsebene«, wie wir es zu nennen pflegten, gesteigert hatte, sodass er jetzt auf mich runterschauen und das Urteil verkünden konnte.

»Ein paar Dinge, aber es ist nie genug.«

»Erzähl mir davon«, sagte ich und vergrößerte damit den Bruch. »Verrate mir wenigstens eines deiner Geheimnisse.«

»Du kannst immer noch zu uns zurück, Noel … wenn du willst.«

Er sagte das höflich, und währenddessen schien sich seine Wut in Luft aufzulösen. Sein Körper entspannte sich, sodass ich in diesem Moment auch einen Witz hätte machen können und wir hätten die sieben Jahre der Entfremdung einfach weggelacht, zumindest einen Teil davon, aber stattdessen sagte ich, überrascht und kleinlaut: »Ich glaube nicht, dass ich das kann.«

»Warum? Glaubst du an das, was du machst?«

»Nein. Ein bisschen, vielleicht. Das muss ich. Ich muss irgendeinen Sinn darin finden.«

Ein Jeep rumpelte vorbei und ich muss zusammengezuckt sein, denn Jong fragte: »Wovor hast du Angst?«

»Vor dir.«

»Was glaubst du, werde ich tun? Deine Kehle aufschlitzen? Deinen Fernseher klauen? Deine Wohnung abfackeln?«

Ich starrte ihn an; der Hass war wieder in seinen Körper zurückgeströmt, und er schoss nach oben, als ob er mich packen wollte, und ich sprang nach hinten und stieß gegen die Lampe. Sie schwankte für einen Moment und ich fasste sie, spielte mit dem Gedanken, sie gegen ihn zu schleudern, wenn es sein musste, und gleichzeitig ließ mich der Gedanke daran erschrecken. »Nein, das wäre nicht genug, oder?«

»Nein«, sagte er schließlich, ganz ruhig, und als er mich wieder ansah, waren Tränen in seinen Augen. »Rette dich, Noel, und damit meine ich nicht das, was du bis jetzt gemacht hast. Das wollte ich dir sagen. Ich bin nicht hergekommen, um über Politik zu reden, du warst immer schlauer bei sowas, wobei, manchmal, Noel, *Ka* Noel, glaube ich, hast du überhaupt nicht verstanden, was du da von dir gegeben hast. Deine Wörter kreisten um *meine* Kämpfe, *meine* Niederlagen …«

»Auch ich habe Benny verloren.«

»Du hast ihn für uns alle verloren.«

»Das habe ich«, sagte ich. »Es tut mir leid, wirklich, aber es ist vorbei.« Und ich wünschte mir heiß und innig, dass wieder Cola durch mich hindurch schießen würde, bis zu den Zehen und Fingernägeln, und ich einen noch tieferen Schmerz spüren könnte, um Jong zu zeigen, wie ich mich fühlte, wenn er es nicht schon wusste. Aber dann verstand er es, und deswegen war er gekommen – um etwas böses Blut abzulassen.

Nicht lange nach Jongs Besuch kündigte ich meinen Job beim Ministerium, zog aus meiner Wohnung aus und machte mit meiner Abfindung eine Anzahlung auf einen Fünf-Zimmer-Bungalow samt Gartengrundstück direkt neben meinen Eltern in Marikina. Ich würde jemanden finden und sie heiraten, das waren meine Gedanken, und hier würden wir leben, und hier würde ich mich neu erfinden, mit einer neuen Art der Verantwortung, würde Sohn spielen, Bruder und Vater, würde Buße tun und anständig leben für den Rest meines Lebens. In der Zwischenzeit kehrte ich zu meiner alten Uni zurück und begann Film zu studieren; und dann, eines Tages in der Bibliothek, als ich mich durch dicke Kataloge über Bestände amerikanischer Universitäten wühlte, roch ich die Erde von Sanford Wood, das Brutzeln des Frühstücksspecks und die Spritzigkeit von Apfel-Cider, und Marikina zerbröselte wie billige Wandfarbe. Ich raspelte Süßholz in meine Bewerbungen, verfasste Empfehlungsschreiben für den VM und seine schwergewichtigen Freunde, die sie nur noch unterzeichnen mussten, ging mit meiner Mutter in die Kirche, schenkte Jimmy und Thea mit kleinen Nettigkeiten Aufmerksamkeit, schaffte den Sprachtest mit Leichtigkeit und die Aufnahmetests mit Mühe, und faltete meine Krawatten zusammen. Und so ging ich nach Amerika, wegen der Distanz und der Fremdheit und der Andersartigkeit – oder war es mein heimlicher Wunsch gewesen die ganze Zeit? Wie lange würde ich dort bleiben, ich wusste es damals nicht. Was oder wen würde ich als nächstes verraten? Wann würde ich anfangen zu hassen, wozu ich werden würde?

Wir sollen in dreißig Minuten in Manila landen, Klimpermusik erfüllt das Flugzeug. Ich starre auf das Teppichmuster auf dem Fußboden der Gangway, und genieße den Komfort, an nichts zu denken. Meine Landsleute an Bord feiern das Nachhausekommen mit ihren eigenen Geräuschen – ein hörbarer Anflug von Erwartungen, letzte Bestellungen von Kaffee und kleinen Souvenirs, ein Rülpser, das dumpfe Aufschlagen von Taschen, eine verpuffende Schimpftirade, das Ping-Ping-Ping weiterer Bestellungen, eine in ihren angeborenen Dialekten laut schnatternde Menge, bereit für die Landung. Ihre zur Schau getragene Selbstverständlichkeit ist das, was sie ausmacht, und das kommt von Herzen: Sie lieben die LAKERS und THE UNITED COLORS OF BENETTON; sie kommen, so erzählen es ihre T-Shirts und Pullover, aus ILLINOIS und DISNEYLAND, wohin sie zurückkehren werden nach diesem triumphalen Besuch, diesem rituellen Opfer zum Beweis eines Lebens nach dem Tod. Larry schnarcht weiter in seinem Traum aus tropischen Golfplätzen und unbekannten Reichtümern; Spucke formt sich in einem Mundwinkel, und wenn das Flugzeug in genau dieser Sekunde mit einem startenden Flieger zusammenkracht oder mit einer dieser hochfliegenden Möwen, deren Federn die hochsensible Technik überfordern können, dann stirbt er wahrscheinlich als glücklicher Mann und seine Witwe kann sich auf die Lebensversicherung von Mutual of Omaha freuen.

Ich muss an Laurie und ihren Brief an mich denken, ohne Absender und daher auch ohne eine Chance zu antworten, ein Brief an einen lebenden Toten:

*Lieber Noel, ich weiß, es ist lange her, aber ich war selbst auch weit weg und werde auch bald wieder fortgehen. Ich bin nur für kurze Zeit in Manila, es ist zu gefährlich für mich hier. Ich hoffe, du bekommst wegen dem Brief keine Schwierigkeiten, also verbrenne ihn am Besten gleich, wenn du ihn gelesen hast. Ich weiß, du bist zehntausend Meilen weit weg, ich muss paranoid sein, aber glaub mir, das bin ich nicht. Ich habe deine Adresse von deinem Bruder Jimmy, du solltest wirklich mal mit ihm reden, vielleicht bei deinem nächsten Besuch, und vielleicht sollten wir dann auch mal reden. Denn die Dinge haben sich geändert, nicht für das Land, aber bei mir, weshalb ich auch zurück bin, wohin sonst als zu den Genossen in die befreite Zone oben im Norden. Es tut mir leid, ich kann dir nichts Genaueres sagen, aber wenn du willst, können wir dich dorthin bringen, einfach, damit du es mit eigenen Augen siehst, und wer weiß, vielleicht änderst du ja sogar deine Meinung. Ich mag die Stadt nicht mehr, dir ginge es nicht anders, wenn du sehen würdest, wie sie funktioniert, wie sie wirklich funktioniert. Ich frage mich, ob du was mitbekommst von dem, was hier passiert, ich meine, was wirklich passiert. Hier ist ein Zeitungsausschnitt, er ist beängstigend, aber irgendwie auch witzig. Siehst du, Noel, ich kann sogar noch lachen.*

Ich sehe sie lachen, nur ihr Gesicht, und dann stelle ich mir Laurie mit Gewehr um die Schulter vor, auf einem mit Silberhaargras bewachsenen Berghang in schlichter Kleidung, während die Kamera herauszoomt, und dann bleibt der Film auf der Spule hängen, und als er wieder weiterläuft, sehe ich mich selbst, wie ich einen Schneeball auf Laurie werfe, die jetzt aber zu weit weg ist.

Ich frage mich, ob ich zum letzten Mal in meinem Leben Schnee gesehen habe; nicht, dass mich das stören würde – nach einem Monat wird er zum Fluch, der ganze Matsch um einen herum. Aber an einigen Tagen ist er wirklich schön, glatt und frisch, mit weichen Kanten, die nur darauf warten, gestreichelt zu werden; und dann verwandelt er sich in billige Seife, dann in Zeitungspapier, und dann, über Nacht, ist er schwer genug, um sich wieder zu verdichten, bevor er sich in Ecken und Winkel verdrückt und eines Tages ganz verschwindet. Unmöglich zu sagen, welcher Schnee der letzte sein wird. Fünf Winter bin ich jetzt drüben, und ich staune noch immer über das Kreisen der Erde: Wie es bis in die zerfledderten Anfänge des Frühlings hinein schneit, und dann ist es auf einmal vorbei.

Jetzt werde ich mein eigenes Fleisch in Kangleong beerdigen, unter den Kokosnusspalmen und Kapokbäumen und den engen Kreisen der Fledermäuse. Vielleicht werde ich an seinem Grab einen passenden Psalm vorlesen: »Die Zunge soll mir am Gaumen kleben, wenn ich an dich nicht mehr denke.« Aber ich muss erst noch meinen Glauben finden, es sei denn, er reduziert sich aufs Aufzählen von Sünden. Vergib mir, Vater, denn ich habe gesündigt.

# EPILOG

Ich begann 1986 diesen Roman zu schreiben, kurz nach dem Sturz des Marcos-Regimes. Dieser Sturz war die Folge massenhafter Proteste in den Straßen Manilas, die überall Schlagzeilen machten und weltweit zu einem Modell für friedliche, antiautoritäre Bewegungen wurden. Ich war stolz, Teil dieser Revolte zu sein und war voller Begeisterung über die Befreiung, nachdem unter Marcos mehr als ein Jahrzehnt das Kriegsrecht herrschte. Dieses Gefühl überkam mich dann wieder, als der Eiserne Vorhang fiel und viele andere und meist friedliche Revolutionen stattfanden, der arabische Frühling eingeschlossen.

Ich dachte damals, das Beste wäre es, einen Roman zu schreiben, in dem ich versuchte zu erklären, wie und warum Menschen in den Bann einer Diktatur geraten so wie in Nazi-Deutschland – ohne mich selbst zu schonen, der ich mich in den letzten Jahren der Diktatur als Regierungsangestellter zu ihrem Komplizen gemacht hatte. Ich schrieb ihn – auf Englisch – in den USA als Abschlussarbeit eines Universitätsstudiums, aber auch, um unseren hart erkämpften Sieg zu feiern und diese gute Nachricht mit der ganzen Welt zu teilen.

Knapp vierzig Jahre später ist das eigentlich Undenkbare geschehen, die Rechte ist zurück, nicht nur auf den Philippinen, auch in vielen anderen Ländern, die wir für stabile Demokratien hielten. Der Optimismus, der die Welt am Ende des 20. Jahrhunderts erfüllte, ist einem sich verdunkelnden Horizont gewichen, einer Verhärtung der Herzen und einer Einengung des Denkens. Unsere fundamentalen Freiheiten und Werte stehen unter dem harten und unerbittlichen Druck politischer Kräfte, die, wie wir jetzt erst realisieren, nie ganz verschwunden waren, sondern die ganze Zeit auf die Gelegenheit warteten und dann die Chance ergriffen, mitten in den Exzessen des Spätkapitalismus an die Macht zurückzukehren.

Und wieder höre ich die Lockrufe des Despotismus, sehe die glasigen Augen von Menschen, die sich verzweifelt nach einer schnellen Lösung ihrer Problemen sehnen, der sofortigen Heilung. Ich höre Stiefel marschieren, ein Geräusch, das vielen jungen Leuten, die Ohren verstopft von lauter Musik, völlig egal zu sein scheint. Sogar unter den Älteren gibt es eine wiedererweckte Sehnsucht nach simpler Ordnung unter der Herrschaft eines starken Mannes.

Ich sehe all dies und überlege, ob ich eine Fortsetzung des Romans schreiben sollte, ein Update für dieses neue Jahrhundert, aber was würde das bringen? Mein Roman sollte eigentlich von der Vergangenheit handeln. Warum ist er plötzlich wieder so aktuell?

*Jose Dalisay, Quezon City, März 2024*

# GLOSSAR

Seite 7, Kempeitai: Die Kempeitai waren von 1881 bis 1945 die Militärpolizei Japans. Sie waren während des Zweiten Weltkriegs in den besetzten Ländern wegen ihrer brutalen Methoden gefürchtet

Seite 10, OXO, Sigue-Sigues: Straßengangs auf den Philippinen

Seite 15, Tatay: »Papa« auf Tagalog

Seite 18, Motor Vehicles Office: Behörde, vergleichbar in etwa einer KFZ-Zulassungs- und Führerscheinstelle, auch zuständig für Busunternehmen

Seite 19, tuba: Gegorenes Kokosnusswasser, »Kokosnusswein«

Seite 20, Jeepney: Zu Kleinbussen umgebaute alte amerikanische Jeeps, oft bunt bemalt und verziert

Seite 24, Tio: »Onkel« auf Spanisch

Seite 31, americana cerrada, auch barong: Langärmliches, traditionelles Oberhemd auf den Philippinen, das auch zu besonderen Anlässen getragen wird

Seite 32, bolo: Überbegriff für Messer oder Schwert auf Tagalog, sowohl als Werkzeug und Waffe nutzbar

Seite 34, Nanay: ›Mama« auf Tagalog

Seite 43, ROTC: Reserve Officers' Training Corps, militärisches Ausbildungsprogramm für Studierende

Seite 44, Patrick Henry (1736 – 1799): Britisch-amerikanischer Rechtsanwalt und Politiker, wichtiger Vertreter der Amerikanischen Unabhängigkeitsbewegung
Seite 59, Juvenal Sansó (*1929): Spanisch-philippinischer Maler
Seite 60, Malacañan-Palast: Wohn- und Amtssitz des Präsidenten der Philippinen
Seite 63, AFP-PROPERTY: Eigentum der AFP; AFP steht für Armed Forces of the Philippines
Seite 64, Chiquito (1932 – 1997): Mit bürgerlichem Namen Augusto Valdes Pangan, philippinischer Schauspieler und Komödiant
Seite 64, NPA: New People's Army, militärischer Arm der Kommunistischen Partei der Philippinen
Seite 73, Närrischer alter Mann, der die Berge versetzte: Chinesische Parabel aus dem daoistischen Klassiker Liezi (4. Jh. n. Chr.)
Seite 82, peryodikit: Setzt sich zusammen aus peryodiko (Zeitung) und dikit (etwas ankleben oder anheften) und bedeutet das Ankleben oder Sprühen von politischen Slogans oder Nachrichten auf Wände und andere öffentliche Flächen
Seite 90, Zenith: Zenith Electronics ist ein US-amerikanischer Hersteller von Unterhaltungselektronik
Seite 95, Rajah Sulayman (ca. 1540 – 1588): Auch Sulayman III., war Kronprinz des Königreichs von Luzon und letzter einheimischer Herrscher von Manila, der die Truppen Luzons in der Schlacht um Manila im Jahr 1570 gegen die spanischen Konquistadoren anführte
Seite 95, Miguel López de Legazpi (1502 – 1572): Spanischer Konquistador, der bei der Erforschung und Eroberung der philippinischen Inseln maßgeblich beteiligt war, erster Gouverneur der Philippinen wurde und 1572 in Manila starb
Seite 95, hidalgos: Name für niederen spanischen Adel ohne besondere Titel; die Hidalgos beteiligten sich als Konquistadoren

oft an Eroberungen, Plünderungen und Besiedlungen in der »Neuen Welt«

Seite 95, Calamba: Geburtsort von Jose Rizal (1861 – 1896): Philippinischer Nationalheld, Schriftsteller, Arzt und Kritiker des Kolonialismus, 1896 in Manila wegen angeblicher Anstiftung zur Rebellion durch das spanische Kolonialregime hingerichtet. Rizal studierte Medizin, Philosophie und Literatur in Europa (u.a. in Madrid, London, Heidelberg, Leipzig, Berlin) und übersetzte Schillers »Wilhelm Tell« in seine philippinische Muttersprache. Er ist Autor zahlreicher politischer Schriften und Romane

Seite 95, Pandacan: Eng besiedelter Bezirk in Manila, zugleich lange wichtiger Standort der Ölindustrie auf den Philippinen. Im Jahr 1988 gab es dort einen großen Brand, bei dem um die 12 000 Bewohner obdachlos wurden

Seite 95, George Dewey (1837 – 1917): Admiral der US-Navy, nahm während des Spanisch-Amerikanischen Krieges als Kommandant der asiatischen Schwadron siegreich an der Schlacht in der Bucht von Manila im Jahr 1898 teil

Seite 100, Clark-Airbase: Bis November 1991 eine Basis der US-Airforce auf Luzon (Philippinen)

Seite 115, pan de sal: Brötchen aus Hefeteig; typisches Frühstück auf den Philippinen

Seite 116, calesa: Kleine, zweirädrige Pferdekutsche, oft bunt bemalt und dekoriert

Seite 123, balut: Angebrütetes, gekochtes Enten- oder Hühnerei, in dem der Embyro schon deutlich zu erkennen ist

Seite 130, ka: »Du« auf Tagalog

Seite 132, EDSA: Epifanio de los Santos Avenue, eine der Hauptverkehrsadern Manilas und Hauptschauplatz der EDSA-Revolution (auch: People Power Revolution), die zum Sturz des Marcos-Regimes führte

Seite 133, bulalo: Philippinische Rindfleischsuppe

Seite 134, Sparrows: Auch Alex Boncayao Brigade, zunächst eine auf Auftragsmorde und Anschläge spezialisierte Stadtguerilla der New People's Army, 1984 gegründet nach dem Mord an dem Gewerkschaftsführer Alex Boncayao, die sich später, nach Ende des Marcos-Regimes, von der NPA abspaltete und u.a. verantwortlich ist für unzählige Morde an Polizisten und Soldaten

Seite 137, Metrocom: Philippine Constabulary Metropolitan Command, eine der lokalen Polizei übergeordnete Militärpolizei für den Großraum Manila, während des Marcos-Regimes u.a. spezialisiert auf die Bekämpfung der politischen Opposition

Seite 138, Fort Bragg und Fort Leavenworth: Große Stützpunkte der US-Army in den USA

Seite 139, Kopra: Aus Kokosnüssen gewonnener Rohstoff, etwa zur Herstellung von Kokosöl, ein wichtiges Exportprodukt der Philippinen

Seite 163, Fort Bonifacio und Camp Crame: Hauptquartiere der philippinischen Armee bzw. der Militärpolizei, beide dienten als Internierungslager für politische Gefangene

Seite 180, Bali Hai: Titel aus dem Musical *South Pacific*, der sich auf eine mystische und exotische Insel am fernen Horizont bezieht

## Lesen Sie weiter

Jose Dalisay
LAST CALL MANILA
Roman

Aus dem Englischen übersetzt von Niko Fröba

»Dalisay erzählt grimmig, lakonisch und mit viel Gespür für schwarzen Humor aus dem philippinischen Alltag, in dem das Ungeheuerliche dauernd passiert, aber kaum beachtet wird. Von absurden Todesfällen, unfasslich inkompetenter und korrupter Polizei, von schlimmster Umweltverschmutzung, der Kluft zwischen arm und reich, vom Überleben und der Moral des Überlebens und von Gewalt gegen Frauen auf allen Ebenen.«
*Thomas Wörtche, Deutschlandfunk Kultur*

224 Seiten, gebunden mit Schutzumschlag, ISBN 978-3-88747-399-0